O Trabalho Infantil no Brasil
e a Doutrina da Proteção Integral da Criança

Editora Appris Ltda.
1.ª Edição - Copyright© 2024 da autora
Direitos de Edição Reservados à Editora Appris Ltda.

Nenhuma parte desta obra poderá ser utilizada indevidamente, sem estar de acordo com a Lei nº 9.610/98. Se incorreções forem encontradas, serão de exclusiva responsabilidade de seus organizadores. Foi realizado o Depósito Legal na Fundação Biblioteca Nacional, de acordo com as Leis nos 10.994, de 14/12/2004, e 12.192, de 14/01/2010.

Catalogação na Fonte
Elaborado por: Josefina A. S. Guedes
Bibliotecária CRB 9/870

A635t
2024
	Antoniassi, Helga Maria da Conceição Miranda
	    O trabalho infantil no Brasil e a doutrina da proteção integral da criança / Helga Maria da Conceição Miranda Antoniassi. – 1. ed. – Curitiba: Appris, 2024.
	    171 p. ; 23 cm.
	
	    Inclui referências.
	    ISBN 978-65-250-6941-8
	
	    1. Criança. 2. Trabalho. 3. Proibição. 4. Legislação. 5. Mecanismos de prevenção. I. Antoniassi, Helga Maria da Conceição Miranda. II. Título.
	
	                                                                                                 CDD – 323.3

Editora e Livraria Appris Ltda.
Av. Manoel Ribas, 2265 – Mercês
Curitiba/PR – CEP: 80810-002
Tel. (41) 3156 - 4731
www.editoraappris.com.br

Printed in Brazil
Impresso no Brasil

Helga Maria da Conceição Miranda Antoniassi

O Trabalho Infantil no Brasil
e a Doutrina da Proteção Integral da Criança

Curitiba, PR
2024

FICHA TÉCNICA

EDITORIAL	Augusto V. de A. Coelho
	Sara C. de Andrade Coelho
COMITÊ EDITORIAL	Marli Caetano
	Andréa Barbosa Gouveia (UFPR)
	Edmeire C. Pereira (UFPR)
	Iraneide da Silva (UFC)
	Jacques de Lima Ferreira (UP)
SUPERVISORA EDITORIAL	Renata C. Lopes
PRODUÇÃO EDITORIAL	Daniela Nazario
REVISÃO	Katine Walmrath
DIAGRAMAÇÃO	Carlos Eduardo H. Pereira
CAPA	Eneo Lage
REVISÃO DE PROVA	Alice Ramos

Ser menino é estar cheio de céu por cima

(Mia Couto)

Em memória dos meus avós maternos, Maria e Salvador, e paternos, Verediana e José.

Aos meus pais, Teresinha e Custódio, hoje e sempre.

Às crianças do Brasil e do mundo, vítimas do trabalho infantil.

AGRADECIMENTOS

Aos amigos de décadas de militância das mais diversas causas humanitárias, com quem tive o privilégio de conviver e partilhar inúmeras alegrias e angústias.

Ao meu marido Edson, e aos nossos filhos Yara e Anand, simplesmente por existirem.

À professora Flávia Piovesan, que tanto me inspira com o seu conhecimento e amor pelos direitos humanos.

À equipe da Editora Appris pelo profissionalismo na edição deste livro.

E mais do que tudo, agradeço a Deus, que dá sentido à minha vida.

PREFÁCIO

É com imenso orgulho que aceitei o honroso convite para prefaciar a primorosa obra *O trabalho infantil no Brasil e a doutrina da proteção integral da criança*, de Helga Maria da Conceição Miranda Antoniassi.

Tive a dádiva de ter a autora como destacada aluna da Pós-Graduação em Direito da PUC-SP. Sua dedicação e vocação acadêmica eram qualidades que se externavam a cada participação, seminário, trabalho e pesquisa. Desde aquele momento, já era manifesto seu pleno e firme compromisso com a proteção dos direitos humanos das crianças.

Ao enfocar o trabalho infantil no Brasil e a doutrina da proteção integral, a presente obra adota como ponto de partida a necessidade de delimitar de forma precisa os conceitos de criança e trabalho infantil.

Feita a precisão conceitual, a autora transita para o histórico da proteção do trabalho da criança no âmbito internacional. Considerando a perspectiva histórica, avança para o detido exame da proteção do trabalho da criança no Direito Internacional, com destaque à Convenção sobre os Direitos da Criança e às Convenções da OIT n.º 138 (sobre a idade mínima de 15 anos para o trabalho) e a n.º 182 (sobre a proibição das piores formas de trabalho das crianças), ambas com o objetivo da abolição efetiva do trabalho infantil.

À análise do Direito Internacional soma-se a análise da proteção do trabalho da criança no Direito Brasileiro, com especial destaque à Emenda n.º 20/98, à evolução legal da proteção do trabalho infantil, bem como a capacidade das partes e a nulidade do contrato de trabalho.

Tendo em vista as modalidades do trabalho infantil, suas causas e suas consequências, a obra endossa a doutrina da proteção integral, enfatizando a criança como sujeito de direito em peculiar condição de desenvolvimento.

Sob a lente da proteção integral, desenvolve um competente estudo sobre os mecanismos de prevenção e erradicação do trabalho infantil, compreendendo os Conselhos Tutelares, os Conselhos de Direitos, os Fóruns de Prevenção e Erradicação do Trabalho Infantil, a Marcha Global contra o Trabalho Infantil, a atuação do Ministério Público do Trabalho, bem como outros importantes atores, iniciativas e políticas públicas.

A contribuição maior desta relevante obra é oferecer um competente e abrangente estudo sobre o trabalho infantil no Brasil, as normas de proteção à criança, as causas e consequências da exploração da mão de obra infantil e os mecanismos de prevenção e erradicação do trabalho infantil. Para a autora "o trabalho infantil é uma violência contra a criança. O ingresso prematuro no mercado laboral não só lhe retira um período único da vida, mas também a prejudica na idade adulta, tanto na vida pessoal como na profissional". O trabalho infantil é ao mesmo tempo causa e consequência de graves violações a direitos humanos de crianças.

À luz da doutrina da proteção integral, este livro constitui um valioso instrumento para proteger o direito da criança ao não trabalho. Em absoluta consonância com os parâmetros protetivos internacionais, em particular com a Convenção sobre os Direitos da Criança, a Constituição Brasileira de 1988 e o Estatuto da Criança e do Adolescente inauguram, na cultura jurídica brasileira, um novo paradigma inspirado pela concepção da criança como verdadeiro sujeito de direito, em condição peculiar de desenvolvimento. Esse novo paradigma fomenta a doutrina da proteção integral à criança e consagra uma lógica e uma principiologia próprias voltadas a assegurar a prevalência e a primazia do interesse da criança. Sob a inspiração maior à prevalência da dignidade humana, na qualidade de sujeito de direito em condição peculiar de desenvolvimento, à criança é garantido o direito à proteção especial.

Nesse contexto, esta obra fomenta a apropriação de novos valores e a implementação dos parâmetros constitucionais e internacionais, que afirmam as crianças como verdadeiros e efetivos sujeitos de direito, em condição peculiar de desenvolvimento, a merecer especial proteção. Há que se romper, em definitivo, com uma cultura e prática que inibem a construção emancipatória dos direitos humanos das crianças, violando, sobretudo, seu direito fundamental ao respeito e à dignidade.

Ao defender o direito da criança ao não trabalho, esta obra irradia seu potencial transformador, ecoando as lições do tão querido e saudoso professor Dalmo Dallari, para quem *a criança tem o direito de ser criança.*

Flávia Piovesan
Professora doutora em Direito Constitucional e Direitos Humanos da PUC-SP
Professora dos Programas de Graduação e Pós-Graduação da PUC-SP
Coordenadora Científica da Unidade de Monitoramento e Fiscalização das decisões da Corte Interamericana no Conselho Nacional de Justiça (UMF/CNJ)

SUMÁRIO

INTRODUÇÃO 17

1
TERMINOLOGIA E CONCEITO 21
    1.1 Terminologia 21
    1.2 Conceitos 22
        1.2.1 Criança 22
        1.2.2 Trabalho infantil 24

2
HISTÓRICO 27
    2.1 Antecedentes 27
    2.2 Evolução internacional da proteção do trabalho da criança . 32

3
A PROTEÇÃO DO TRABALHO DA CRIANÇA NO DIREITO INTERNACIONAL 35
    3.1 A Convenção sobre os Direitos da Criança 35
        3.1.1 A incorporação da Convenção sobre os Direitos da Criança ao Direito Brasileiro 39
        3.1.2 Considerações finais 44
    3.2 A Organização Internacional do Trabalho 45
        3.2.1 A Convenção n.º 138 e a Recomendação n.º 146 47
        3.2.2 Ratificação da Convenção n.º 138 pelo Brasil 48
        3.2.3 A Convenção n.º 182 e a Recomendação n.º 190 49

4
A PROTEÇÃO DO TRABALHO DA CRIANÇA NO DIREITO BRASILEIRO 53

4.1 Evolução constitucional da proteção do trabalho infantil....53
4.2 Emenda Constitucional n.º 20/98 55
    4.2.1 Considerações gerais 55
    4.2.2 Polêmica a respeito dos contratos em curso..................... 57
4.3 Evolução legal da proteção ao trabalho infantil 61

5
CAPACIDADE DAS PARTES E A NULIDADE DO CONTRATO DE TRABALHO 65
5.1 Capacidade jurídica para o trabalho............................... 65
5.2 Sanções aplicáveis ao empregador 73
5.3 Alvará judicial 75
    5.3.1 Competência para a concessão de alvará e lides decorrentes da relação de trabalho.. 77

6
A DOUTRINA DA PROTEÇÃO INTEGRAL E A LEI 8.069/90 79
6.1 Evolução... 79
6.2 A garantia de absoluta prioridade 82
6.3 A condição peculiar da criança como pessoa em desenvolvimento 86
6.4 O direito ao não trabalho 90

7
ALGUMAS MODALIDADES DO TRABALHO INFANTIL 95
7.1 Trabalho rural 95
7.2 Trabalho doméstico 96
7.3 Trabalho em regime de economia familiar 98
7.4 Trabalho artístico 100

8
CAUSAS E CONSEQUÊNCIAS DO TRABALHO INFANTIL 105
8.1 Causas... 105
8.2 Consequências.. 108

9
MECANISMOS DE PREVENÇÃO E ERRADICAÇÃO DO TRABALHO INFANTIL ... 113
9.1 Introdução ... 113
9.2 Conselhos Tutelares ... 113
9.2.1 Características gerais ... 113
9.2.2 Composição e requisitos para a candidatura ... 114
9.2.3 Atribuições ... 117
9.2.4 Escolha e impedimentos dos conselheiros ... 118
9.2.5 Legitimidade ativa e passiva do Conselho Tutelar ... 119
9.3 Conselhos dos Direitos da Criança e do Adolescente ... 123
9.3.1 Considerações iniciais ... 123
9.3.2 Composição e funcionamento ... 124
9.3.3 Finalidade e deliberações dos Conselhos de Direitos ... 125
9.3.4 Remuneração e legitimidade dos Conselhos ... 127
9.3.5 Fundo da Infância e Adolescência (FIA) ... 129
9.4 Fóruns de prevenção e erradicação do trabalho infantil ... 130
9.4.1 Considerações iniciais ... 130
9.4.2 Objetivos ... 131
9.5 IPEC, PETI e Fundação Abrinq ... 131
9.5.1 Programa Internacional para a Eliminação do Trabalho Infantil .. 131
9.5.2 Programa de Erradicação do Trabalho Infantil (PETI) ... 132
9.5.3 Fundação Abrinq pelos Direitos da Criança e do Adolescente ... 133
9.6 Marcha Global contra o Trabalho Infantil ... 134
9.7 Ministério Público do Trabalho ... 135
9.8 Políticas públicas ... 136
CONSIDERAÇÕES FINAIS ... 139
REFERÊNCIAS ... 143
ANEXOS ... 151

INTRODUÇÃO

Neste livro procuramos abordar tão somente a atividade laboral da criança até os 12 anos de idade, contudo, dentro do contexto geral, não poderíamos deixar de mencionar o trabalho do adolescente.

A reflexão sobre o trabalho infantil remete à comparação entre a terminologia atual e a anteriormente empregada, bem como aos conceitos de criança e trabalho infantil e, ainda, aos antecedentes históricos da exploração da mão de obra infantil desde as antigas civilizações, na medida em que tais antecedentes estão diretamente relacionados ao surgimento das leis trabalhistas.

O labor da criança não é um fenômeno recente. De acordo com os registros históricos, o trabalho infantil existe desde a Antiguidade, mas foi no século XVIII, com o advento da Revolução Industrial, que a exploração da mão de obra infantil atingiu seu ponto alto.

Não obstante o avanço das legislações nacionais e internacionais, assim como de uma maior conscientização e mobilização da sociedade em geral, a verdade é que o Brasil ainda apresenta um alto índice de utilização da força de trabalho da criança, que se elevou em decorrência dos efeitos da Covid-19, conforme consta do último relatório global da Organização Internacional do Trabalho, de 2021.

Nos países subdesenvolvidos, muitas crianças ficam obrigadas a trabalhar para garantir a sua subsistência e a de seus familiares. Em regra, abandonam os estudos e as alegrias próprias da idade, suportando, desde cedo, o peso de jornadas extenuantes, condições de trabalho degradantes e baixos salários.

De um modo geral, o objetivo desta obra é examinar a evolução histórica do trabalho infantil no Brasil e no mundo, as normas de proteção à criança, as causas e consequências da exploração da mão de obra infantil e os mecanismos de prevenção e erradicação do trabalho infantil.

Analisamos a doutrina da proteção integral, consagrada tanto na Constituição Federal como no Estatuto da Criança e do Adolescente (Lei n.º 8.069/90), salientando a garantia de absoluta prioridade nos assuntos que envolvem os infantes e a sua peculiar condição de pessoa em desenvolvimento. Assim, a atual legislação substitui o extinto Código de Menores, voltado apenas para aqueles que se encontravam em situação de patologia social.

Abordamos a proteção do trabalho da criança no Direito Internacional, analisando a Convenção sobre os Direitos da Criança e sua incorporação ao Direito Brasileiro. Não poderíamos deixar de mencionar a Organização Internacional do Trabalho, organismo de grande relevância, especializado nos assuntos trabalhistas e que vem demonstrando imensa preocupação com a erradicação do trabalho infantil.

O tema em questão traz à tona os importantes instrumentos internacionais da OIT ratificados pelo Brasil: a Convenção n.º 182, que dispõe sobre a proibição das piores formas de trabalho infantil; a Recomendação n.º 190, referente à ação imediata dos países signatários para a eliminação das piores formas de trabalho infantil; a Convenção n.º 138, que define a idade mínima para o ingresso no mercado de trabalho e a respectiva Recomendação n.º 146, que enumera as principais políticas públicas necessárias para fazer valer as disposições da Convenção n.º 138.

Analisamos a Emenda Constitucional n.º 20/98 e a polêmica acerca da sua aplicação aos contratos em curso, além da evolução legal da proteção ao trabalho infantil.

Procuramos examinar com alguma profundidade a doutrina da proteção integral, adotada pelos artigos 227 da Constituição Federal de 1988 e 1º da Lei n.º 8.069 de 13/7/1990, doutrina essa que consiste num rol mínimo de atribuições conferidas àqueles que estão obrigados a cuidar da criança e do adolescente, já que estes não têm meios de fazê-lo por conta própria, dada a sua peculiar condição de pessoa em desenvolvimento.

No contexto geral da doutrina da proteção integral, defendemos o direito ao **não** trabalho para os jovens com idade inferior a 14 anos, diante da proibição constitucional do labor à criança de pouca idade e em razão das consequências negativas que o trabalho acarreta ao seu desenvolvimento físico, emocional e intelectual.

Tratamos de algumas modalidades do trabalho infantil: o rural, o doméstico, o trabalho em regime de economia familiar e o artístico, bem como dos mecanismos de prevenção e erradicação, quais sejam: Conselhos Tutelares, Conselhos dos Direitos, Fóruns, movimentos organizados pela sociedade civil e o Ministério Público do Trabalho.

Enfim, o intuito do presente livro foi analisar o trabalho infantil no âmbito da doutrina da proteção integral à criança, enfocando sua problemática nos vários aspectos que ele comporta.

Nada é mais gratificante do que ver uma criança desfrutar de uma infância saudável e feliz, com um mínimo de condições que lhe permita, a partir das premissas por mais de uma vez aqui referidas, preparar-se para ser amanhã um cidadão, no pleno e verdadeiro sentido da palavra.

TERMINOLOGIA E CONCEITO

1.1 Terminologia

Até o advento da atual Constituição Federal, utilizava-se a expressão "menor" para pessoa que ainda não havia alcançado a idade adulta, expressão adotada inclusive pelo extinto Código de Menores, Lei n.º 6.697/79. A Constituição de 1988 trouxe no seu texto os vocábulos "criança" e "adolescente", mais adequados para designar as faixas etárias dos seres humanos que não atingiram a idade adulta.

Sobre a terminologia comenta Ricardo Tadeu Fonseca:

> [...] a utilização dos termos criança e adolescente não decorre de mero acaso ou adesão à terminologia internacionalmente empregada. A conotação dada à palavra "menor" como "menor de rua", "menor abandonado", "menor carente" revelou a chamada "menorização", que se quer justamente combater, outorgando-se a todas as pessoas em desenvolvimento físico e mental, independentemente de sua condição social, a proteção integral, sem desconsiderar seus anseios e perspectivas de atuação para satisfazê-los.[1]

No tocante à "menorização" da criança e do adolescente, Josiane Rose Petry Veronese considera inaceitável situar de modo igual pessoas de 0 a 18 anos de idade, em virtude das visíveis diferenças que as caracterizam nas várias etapas e períodos percorridos durante o crescimento. As diversas fases e períodos próprios do desenvolvimento humano devem ser considerados de acordo com as transformações evolutivas desse processo de desenvolvimento, levando-se em conta a unicidade de cada ser humano.[2]

Compartilhamos do pensamento de ambos os autores, de que os termos "criança" e "adolescente" adéquam-se mais e melhor àquelas pes-

---
[1] A proteção ao trabalho da criança e do adolescente no Brasil: o direito à profissionalização, p. 93.
[2] **Os Direitos da Criança e do Adolescente**, p. 59.

soas que não alcançaram a maturidade, cujo desenvolvimento ainda não se completou. Observe-se que os franceses já utilizavam o termo "infant", os italianos "bambino" e os mexicanos "niño", em razão do que a criança sempre foi, pessoa dependente e frágil, que enseja a proteção da família e da sociedade em geral.

O Brasil tardiamente adotou esse caminho, crianças foram chamadas de "menores" durante décadas. O termo "menor" tem sido utilizado de modo depreciativo e preconceituoso, como sinônimo de delinquente, abandonado, carente. Foi inclusive utilizado pela imprensa, que chegou a publicar manchetes como "menor agride criança", referindo-se aos "menores" como pessoas desprovidas de inteligência ou sentimentos.

No âmbito laboral, que é nosso foco de interesse, Octávio Bueno Magano escreve que "menor" é um vocábulo tradicionalmente utilizado no Direito do Trabalho, porém o termo mais adequado é "criança", para se referir a menino ou menina de pouca idade, que ainda não atingiu a puberdade. Em função de sua inexperiência, bem como de sua menor resistência em relação ao trabalhador adulto, a legislação trabalhista lhe confere normas especiais de proteção ao trabalho.[3]

Foi o Estatuto da Criança e do Adolescente (Lei n.º 8.069, de 13 de julho de 1990) que decisivamente adotou a nova terminologia, distinguindo as crianças dos adolescentes e ambos dos adultos, conforme a idade. O artigo 2º da referida lei define criança como pessoa com idade até 12 anos e adolescente como aquele com idade entre 12 e 18 anos.

Entretanto, a Consolidação das Leis do Trabalho, mesmo após a nova redação dada aos artigos 402 e 403 pela Lei n.º 10.097/2000, ainda emprega o termo "menor" ao se referir às pessoas com idade inferior a 18 anos.

1.2 Conceitos

1.2.1 Criança

O primeiro instrumento internacional a pensar o conceito de criança foi a Convenção sobre os Direitos da Criança, adotada pela Assembleia Geral das Nações Unidas em 20 de novembro de 1989. A Convenção abraçou o critério etário, conforme se vê no seu artigo 1º, que assim dispõe: *"todo ser*

---

[3] **Direito Tutelar do Trabalho**, p. 128.

humano com menos de dezoito anos de idade, a não ser que, em conformidade com a lei aplicável à criança, a maioridade seja alcançada antes".

A adoção de um único critério etário não foi de início unânime entre os Estados signatários. Um parâmetro reduzido de idade implicaria uma diminuição do número de indivíduos protegidos, já um parâmetro elevado traria o risco de se afrontar a diversidade cultural e as limitações econômicas e sociais de cada Estado.

Após algumas discussões e diante das ressalvas relativas às legislações internas, estabeleceu-se um consenso sobre o critério etário mais adequado ao conceito de "criança", a fim de que pudesse ser claro o bastante para todos os Estados signatários, produzindo uma eficaz proteção à infância.[4]

A lei interna brasileira, o Estatuto da Criança e do Adolescente, não conflita com as disposições da Convenção, ao contrário, veio aprimorar o conceito etário nela estabelecido, ao diferenciar a criança do adolescente no seu artigo 2º. Nesse sentido, Tânia Silva Pereira afirma:

> Considerando que na Convenção o âmbito de proteção especial previsto no art. 1º é para todo ser humano com menos de 18 anos, torna-se flagrante o avanço do Estatuto ao dividir em duas faixas de desenvolvimento (crianças até 11 anos e adolescentes de 12 a 18 anos) para um melhor atendimento e implantação dos mecanismos de cuidados especiais cujos destinatários serão pessoas em fase de formação, porém com direitos civis, políticos e sociais.[5]

Como se vê, além de manter a consonância com os termos da Convenção sobre os Direitos da Criança, a Lei n.º 8.069/90 foi mais adiante, diferenciando crianças de adolescentes, inclusive no que diz respeito à aplicação de medidas pedagógicas, cuidando de protegê-los de arbitrariedades e posturas autoritárias.

Aurélio Buarque de Holanda Ferreira define criança como *"ser humano de pouca idade, menino ou menina"*. Esse conceito não se aparta do conceito de infância, que, para o mesmo autor,

> [...] é o período de vida que vai do nascimento à adolescência, extremamente dinâmico e rico, no qual o crescimento se faz, concomitantemente, em todos os domínios, e que, segundo

---

[4] Sérgio Augusto Guedes Pereira de Souza, **Os Direitos da Criança e os Direitos Humanos**, p. 24.
[5] **Direito da Criança e do Adolescente**: uma proposta interdisciplinar, p. 2.

os caracteres anatômicos, fisiológicos e psíquicos, se divide em três estágios: **primeira infância**, de zero a três anos; **segunda infância**, de três a sete anos, **terceira infância**, de sete anos até a puberdade" (grifo do autor).[6]

Desde o nascimento, o indivíduo apresenta aspectos físicos e psíquicos que se modificam ao longo do tempo, até que se transforme num adulto capaz de realizar ao máximo as suas potencialidades. É sabido que experiências felizes nas diferentes etapas do crescimento proporcionam uma infância e uma adolescência saudáveis, propiciando todas as condições para uma vida também feliz na idade adulta.

O ingresso no mercado de trabalho durante as primeiras fases da vida compromete o desenvolvimento da criança, acarretando um incomensurável prejuízo físico e psíquico. A criança não possui força muscular, tampouco a maturidade necessária para o labor, daí a importância de passar o período da infância com atividades físicas, lúdicas e intelectuais, próprias da idade, ao invés de ingressar precocemente no mercado de trabalho, o que certamente reduzirá a possibilidade de um crescimento saudável e harmonioso.

1.2.2 Trabalho infantil

Paulo Sandroni define trabalho como *"toda atividade humana voltada para a transformação da natureza, com o objetivo de satisfazer uma necessidade"*...

Na comunidade primitiva, teve caráter solidário, coletivo, ao passo que nas sociedades de classe (escravista, feudal e capitalista) tornou-se *alienado*[7], como afirmam os teóricos marxistas: *"O trabalho assalariado é típico do modo de produção capitalista, no qual o trabalhador, para sobreviver, vende ao empresário sua força de trabalho em troca de um salário"*.[8] Cabe considerar ainda a definição jurídica de De Plácido e Silva:

> Trabalho, então, entender-se-á todo esforço físico, ou mesmo intelectual, na intenção de realizar ou fazer qualquer coisa. No sentido econômico ou jurídico, porém, trabalho não é simplesmente tomado nesta acepção física: é toda ação, ou todo esforço ou todo desenvolvimento ordenado de energias

---

[6] **Novo Dicionário da Língua Portuguesa**, p. 400 e 762.
[7] "Trabalho alienado é aquele cujo produtor não é seu proprietário, nem dos produtos por ele criados, pois estes são apropriados pelo capitalista, senhor dos meios de produção e, momentaneamente, proprietário da própria força de trabalho do operário". **Dicionário de Economia do Século XXI**, p. 849.
[8] *Ibid.*, mesma página.

do homem, sejam psíquicas ou corporais, dirigidas com um fim econômico, isto é, para produzir uma riqueza, ou uma utilidade, susceptível de uma avaliação, ou apreciação monetária.[9]

Depois dessas definições sobre o trabalho em geral, temos as seguintes sobre o trabalho infantil. Para Oris de Oliveira: "*É tecnicamente 'infantil' todo trabalho proibido com fins econômicos ou equiparados ou sem fins lucrativos em ambiente residencial para terceiros (doméstico) quando não se obedece às limitações acima apontadas*[10] *sobre idades mínimas*".[11] Segundo André Viana Custódio e Josiane Rose Petry Veronese: "*O conceito de trabalho infantil (precoce) é o que melhor expressa a proibição do trabalho infanto-juvenil entendido como todo trabalho realizado por criança ou adolescente com idades inferiores aos determinados pela legislação*".[12]

Todas as definições anteriores nos auxiliam a compreender melhor o trabalho infantil.

Refletindo sobre o conceito, pode-se dizer que é toda atividade laboral executada por crianças, podendo ser remunerada ou não. Se remunerada, a finalidade é o ganho econômico para a subsistência da própria criança e de sua família; se não remunerada, a atividade executada constitui um benefício exclusivo para aquele que se utiliza do trabalho da criança em proveito próprio, havendo, em ambos os casos, a exploração da mão de obra infantil.

A legislação brasileira fixa a idade de 16 anos como sendo a idade mínima para o exercício de atividades laborais (art. 7º, XXXIII da CF), excetuando-se a aprendizagem permitida a partir dos 14 anos. A Lei n.º 8.069/90 considera criança todo ser humano com idade até 12 anos incompletos e adolescente todo aquele com idade entre 12 e 18 anos.

Não obstante as concepções supracitadas sobre o trabalho infantojuvenil, em nossa opinião, as atividades laborais desempenhadas por criança e adolescente devem ser chamadas de trabalho infantil e juvenil, respectivamente, porque aquilo que as distingue não é o critério da *idade mínima laboral* estabelecido na Constituição Federal, mas o critério *etário* definido pela Lei n.º 8.069/90.

Há que se distinguir o trabalho infantil da tarefa.

---

[9] **Vocabulário Jurídico**, p. 1415.
[10] Idades mínimas fixadas pelo inciso XXXIII do artigo 7º da CF/88.
[11] **Estatuto da Criança e do Adolescente Comentado**, p. 110.
[12] **Trabalho Infantil**, p. 125.

As tarefas também são atividades exercidas pela criança, que não implicam um ganho econômico e não prejudicam sua saúde física e mental, pois fazem parte do seu processo de aprendizado, se adequadas para cada faixa etária, tais como as atividades escolares, o cuidado com os livros ou a organização dos próprios brinquedos.

Conclui-se, por fim, que o trabalho da criança é mão de obra barata e produtiva, além de ser economicamente ativa. Como já foi dito, o que identifica o trabalho infantil é o critério etário (até 12 anos), sendo *proibido* por determinação legal e constitucional. No entanto, é permitido o trabalho do adolescente, a partir de 16 anos, e entre 14 e 16, na condição de aprendiz.

2

HISTÓRICO

2.1 Antecedentes

As atividades laborais sempre estiveram presentes nas relações humanas e o trabalho infantil acompanha as diversas fases do seu processo histórico. A exploração do trabalho da criança existe desde os tempos mais antigos, quando crianças trabalhavam junto às famílias e às comunidades em que viviam, desempenhando atividades domésticas e outras que lhes eram delegadas e, inúmeras vezes, quase que na mesma proporção dos adultos.

O trabalho infantil fez parte do processo de desenvolvimento das antigas civilizações. No Egito, Mesopotâmia, Grécia, Roma, Japão e Império do Meio (hoje China), crianças semeavam e colhiam, realizavam trabalhos artesanais, de carpintaria, marcenaria e guarda de rebanhos, além de laborarem em olarias, minas e embarcações marítimas. Assemelhava-se ao trabalho escravo, em que a criança não gozava de qualquer direito ou proteção.[13]

O sistema feudal também foi marcado pelo labor infantil. O feudalismo nasceu da desintegração do Império Romano e do modo de produção escravista. Surgiu especialmente na Europa, nos séculos X a XII, e se caracterizava pelo sistema de grandes propriedades pertencentes ao clero e à nobreza.

Tais propriedades isoladas tinham o nome de feudos e eram cultivadas pelos servos da gleba (camponeses), que trabalhavam para o dono da terra, numa economia de subsistência. O senhor feudal, proprietário da gleba, dividia sua terra em duas partes, sendo que uma era cultivada em seu próprio proveito, e a outra, destinada ao uso dos camponeses em troca de pesadas taxas. O servo cuidava da terra e o senhor manejava o servo.[14]

Os servos viviam basicamente da agricultura e do artesanato para sustentar a ociosidade dos nobres, recebendo destes alguma proteção.

---

[13] Eleanor Stange Ferreira, **Trabalho Infantil**: História e Situação Atual, p. 11.
[14] Erotilde Ribeiro dos Santos Minharro, **A Criança e o Adolescente no Direito do Trabalho**, p. 15.

Famílias inteiras trabalhavam nas plantações de trigo, arando e limpando a terra, plantando sementes, tratando do cultivo e da colheita. Crianças pequenas, muitas com apenas 5 anos de idade, cuidavam da terra e tinham que percorrer enormes distâncias para transportar o produto da safra.

Além da terra, cuidavam também de animais, como cabras e ovelhas, e eram brutalmente espancadas se algum animal se perdesse nos campos. As longas horas de trabalho, os rigorosos invernos europeus, alimentação e moradias precárias, hábitos de higiene inadequados, ferimentos causados por maus-tratos dos senhores e até dos próprios pais deixavam-nas esgotadas, e sequer podiam se defender das agressões físicas e morais a que estavam sujeitas.[15]

Embora em certos países, como Japão, Índia, China e Rússia, o feudalismo tivesse tido outros componentes históricos, as relações sociais no modo de produção feudal foram bastante semelhantes, pois em qualquer sociedade os trabalhadores não gozavam de qualquer liberdade.[16]

Durante os séculos XIII a XV, período da chamada baixa Idade Média, iniciava-se a crise do sistema feudal. Seu declínio deveu-se ao desenvolvimento das atividades comerciais, período em que apareceram os primeiros sinais do capitalismo comercial. Já se produzia para o consumo próprio e também para vendas, trocas em dinheiro e prestação de serviços visando ao lucro, crescendo, portanto, a demanda por maior variedade de produtos, o que certamente intensificou a produção artesanal.

Paralelamente ao trabalho desenvolvido no campo, os centros urbanos aparecem no cenário socioeconômico para suprir as necessidades dos senhores feudais. Assim, cada vez mais pessoas se deslocavam do campo para as cidades à procura de um ofício. Surgiram, então, nos centros urbanos, as chamadas Corporações de Ofício, *guilden*, organizações onde crianças eram inseridas para que pudessem aprender algum ofício.[17]

O ofício era ensinado por um *mestre-artesão*, que detinha a matéria-prima e o conhecimento da profissão, o qual era transmitido ao "aprendiz" para que viesse a se tornar um profissional. Assim, a tradição alimentava as corporações.

---

[15] Eleanor Stange Ferreira, *op. cit.*, p. 19.
[16] Aurélio Eduardo do Nascimento e José Paulo Barbosa, **Trabalho, História e Tendências**, p. 32.
[17] *Ibid.*, p. 33.

A principal característica das Corporações de Ofício era a hierarquia quase que absoluta existente entre o mestre-artesão e o aprendiz, sendo que o domínio da produção pertencia sempre ao mestre. As crianças que porventura não fizessem parte das corporações ficavam em casa com as mulheres para o aprendizado das tarefas domésticas.

Com o tempo, as Corporações passaram a monopolizar as profissões, de modo que a nenhuma pessoa era permitido exercer uma profissão sem um aprendizado, ou seja, sem antes ter tido um mestre. E mesmo depois de terminada a aprendizagem, enquanto não alcançasse o ponto mais alto da hierarquia da Corporação, o aprendiz não podia trabalhar, exceto para o seu mestre, e ainda assim dependia de autorização da Corporação a que pertencia para exercer seu ofício, sujeitando-se a uma série de regras rígidas, sem perceber salários.[18]

Cada Corporação se submetia a normas de um estatuto próprio que disciplinava as relações de trabalho. Faziam parte das Corporações: os mestres, os companheiros e os aprendizes. Os mestres eram os proprietários de oficinas e ensinavam aos aprendizes um ofício ou profissão. Os companheiros recebiam salários dos mestres e ao contrário dos aprendizes, eram trabalhadores livres.[19]

Não obstante as características marcantes das Corporações tenham sido a rigidez e o autoritarismo, é inegável que, mediante manifestações de rebeldia, os trabalhadores passaram a adquirir, paulatinamente, maior liberdade dentro das relações laborais.

Como ocorre com as organizações autoritárias, as consequências foram a revolta e o descontentamento. O lento processo de aprendizagem, os imensos entraves para se alcançar a condição de mestre e a restrição de liberdade deram início a novas Corporações formadas por aprendizes rebelados, que já haviam tido algum ofício.

Essas novas Corporações, as chamadas Companhias, cujo objetivo era combater o autoritarismo dos mestres, foram o ponto de partida para a queda das Corporações de Ofício. Na França, o fim das Corporações deu-se com a Revolução Francesa, enquanto na Inglaterra o seu declínio deveu-se

---

[18] José Roberto Dantas Oliva, **O Princípio da Proteção Integral e o Trabalho da Criança e do Adolescente no Brasil**, p. 38.
[19] Amauri Mascaro Nascimento, **Iniciação ao Direito do Trabalho**, p. 43.

ao surgimento das fábricas e das máquinas, destacando-se a máquina a vapor de James Watt.[20]

A expansão da indústria ensejou a substituição do trabalho escravo, servil e corporativo do período pré-industrial pelo trabalho assalariado. A esse período de transformações socioeconômicas que marcou a humanidade no século XVIII deu-se o nome de Revolução Industrial.

Com o advento da Revolução Industrial, o trabalho da criança ganha outras proporções, pois, além do âmbito familiar e artesanal, passa a ser explorado nas fábricas, nas mesmas condições que o trabalho dos adultos. A criação das máquinas e seu uso contínuo para as atividades industriais implicaram a intensa utilização de mão de obra barata, sendo que toda a produção voltava-se para um mercado cada vez maior e mais exigente.

O processo de revolução iniciou-se com o aperfeiçoamento de máquinas de fiação e tecelagem e, posteriormente, com a invenção da máquina a vapor, da locomotiva e das diversas máquinas-ferramentas. Os operários não possuíam matéria-prima, como ocorria no sistema das Corporações, e a habilidade manual não mais tinha qualquer importância, em virtude do intenso uso das máquinas.[21]

Foi com a Revolução Industrial que o trabalho infantil ganhou força. Se no final do século XVIII o número de crianças trabalhadoras já havia crescido consideravelmente com o tear, esse número multiplicou-se em razão das máquinas a vapor, dos trabalhos nos moinhos, das atividades algodoeiras, da exploração das minas de carvão e dos trabalhos manufaturados.

Os trabalhos artesanais que exigiam o domínio da técnica foram substituídos por máquinas que aufeririam lucros aos donos das fábricas, já que podiam ser operadas por qualquer pessoa a um custo menor, inclusive por mulheres e crianças, que trabalhavam em média dezesseis horas por dia, recebendo salários inferiores aos dos homens, passando aos poucos a substituir a mão de obra masculina.[22]

As crianças eram bastante procuradas para a indústria têxtil, devido ao seu pequeno porte físico e tamanho das suas mãos, além de aceitarem mais facilmente as imposições que lhes eram feitas pelos industriais, especialmente quanto aos salários. As crianças trabalhadoras eram mal

---

[20] José Roberto Dantas Oliva, *op. cit.*, p. 39.
[21] Leo Huberman, **História da Riqueza do Homem**, p. 125.
[22] Erotilde Ribeiro dos Santos Minharro, **A Criança e o Adolescente no Direito do Trabalho**, p. 16.

alimentadas, castigadas por causa da baixa produção, acidentavam-se frequentemente durante a jornada de trabalho e após muitas horas de labuta, chegavam à exaustão.[23]

Os donos de fábricas buscavam o máximo de força de trabalho pelos mais baixos ordenados possíveis. Mulheres e crianças se adequavam a essas exigências, pois possuíam habilidade para se adaptar à disciplina das fábricas e operar as máquinas: manuseá-las na hora certa, manter o ritmo dos movimentos e suportar as rigorosas ordens de um capataz. Mulheres e crianças eram obrigadas a trabalhar horas seguidas, enquanto os homens ficavam em casa, sem ocupação.[24]

Os proprietários das indústrias começaram por retirar crianças de abrigos infantis, oferecendo-lhes em troca, alguma alimentação e moradia. Mais tarde, com a difusão da indústria, passaram a empregar crianças de famílias pobres, obrigando-as a trabalhar exaustivamente nas fábricas e minas de carvão, recebendo ínfimos salários, uma vez que os ganhos dos pais operários não bastavam para manter a família.[25]

As crianças que trabalhavam nas atividades algodoeiras eram oferecidas às fábricas, em troca de alimentação. Essas "trocas" organizadas pelas chamadas Paróquias[26] faziam com que as crianças se tornassem fontes de riqueza para a indústria inglesa e, de um modo geral, para a indústria europeia.[27]

Inúmeras crianças, ainda bastante pequenas, que labutavam nas minas e indústrias metalúrgicas, carregavam blocos de ferro e manuseavam pesados vagões para o transporte do produto, vindo a falecer ainda jovens. O rigor dos invernos, as poucas horas de descanso noturno, a promiscuidade, a má higiene e os maus-tratos físicos contribuíram muito para o analfabetismo, mutilações, doenças e até mesmo óbitos.[28]

A política utilizada pelos empregadores britânicos era pagar pouco aos operários e fazê-los labutar sem descanso. Percebeu-se que com os trabalhadores adultos e do sexo masculino, a indisciplina e a probabilidade

---

[23] *Ibid.*, p. 17.
[24] Leo Huberman, *op.cit*, p. 190.
[25] *Ibid.*, mesma página.
[26] Paróquia: "Unidade Administrativa Civil Inglesa, subdivisão territorial do condado criada pela denominada Lei dos Pobres", Amauri Mascaro Nascimento, **Curso de Direito do Trabalho**, p. 11.
[27] *Ibid.*, p. 10.
[28] Eleanor Stange Ferreira, **Trabalho Infantil**: História e Situação Atual, p. 32–33.

de revoltas eram bem maiores, de modo que se tornou mais conveniente empregar mão de obra dócil e submissa, como a de mulheres e crianças.

Esse processo de mudanças tecnológicas, econômicas e sociais ocorridas na Europa e que resultaram no modo de produção capitalista foi bastante contraditório. De um lado, a elevação da produtividade e o crescimento econômico e industrial e, de outro, a exposição de milhares de trabalhadores a sérios riscos de acidentes, privados de quaisquer direitos.

As péssimas condições de higiene e segurança, a excessiva jornada de trabalho, os ínfimos salários, a exploração de mulheres, meninos e meninas, acabaram por conscientizar a classe operária, levando à formação dos primeiros sindicatos, à elaboração do pensamento socialista e à explosão de revoltas, greves e movimentos de trabalhadores, que marcaram a Europa e o mundo todo durante o século XIX.[29]

2.2 Evolução internacional da proteção do trabalho da criança

O estudo da evolução histórica no âmbito internacional se faz necessário, na medida em que seus antecedentes estão diretamente relacionados ao surgimento das leis trabalhistas.[30]

Duas das várias consequências resultantes da procura constante da mão de obra infantojuvenil e feminina, ao invés de masculina, foram as seguintes: o desemprego para os homens e a revolta dos adultos empregados, em virtude das condições subumanas em que se encontravam.

Os abusos praticados contra os trabalhadores e a exploração do trabalho das mulheres e crianças motivaram as leis trabalhistas da Europa, inclusive sobre a idade mínima para o trabalho. Assim surgiu a primeira manifestação efetiva do Estado, o *Moral and Health Act*, expedido em 1802, na Inglaterra, pelo ministro Robert Peel.

A lei de Peel proibia o trabalho noturno e a jornada de trabalho superior a dez horas diárias para crianças e adolescentes.

---

[29] Paulo Sandroni, **Dicionário de Economia do Século XXI**, p. 733.
[30] Assevera Norberto Bobbio: "O direito ao trabalho nasceu com a Revolução Industrial e é estreitamente ligado à sua consecução. Quanto a esse direito, não basta fundamentá-lo ou proclamá-lo. Nem tampouco basta protegê-lo. O problema da sua realização não é filosófico nem moral. Mas tampouco é um problema jurídico. É um problema cuja solução depende de um certo desenvolvimento da sociedade e, como tal, desafia até mesmo a Constituição mais evoluída e põe em crise até mesmo o mais perfeito mecanismo de garantia jurídica". **A Era dos Direitos**, p. 45.

A esse respeito escrevem Orlando Gomes e Elson Gottschalk:

> Os abusos desse liberalismo cedo se fizeram patentes aos olhos de todos, suscitando súplicas, protestos e relatórios (Villermé) em prol de uma intervenção estatal em matéria de trabalho de mulheres e menores. Com as primeiras leis que surgiram em diversos países europeus, disciplinando esta espécie de trabalho, surgiu, também para o mundo jurídico, a nova disciplina: o Direito do Trabalho. Com efeito, foi **o Moral and Health Act**, de Robert Peel, em 1802, a primeira manifestação concreta que corresponde à idéia contemporânea do Direito do Trabalho. Esse ato proibia o trabalho de menores por mais de dez horas por dia, bem como o trabalho noturno (grifo dos autores).[31]

Embora tenha sido um avanço, a referida lei não fixou idade mínima para o trabalho, só o fazendo as leis de 1819 e 1833.

A primeira, também de Peel, proibiu o trabalho de crianças menores de 9 anos e restringiu a jornada de adolescentes com menos de 16 anos a, no máximo, doze horas diárias nas lavouras de algodão, locais em que, no período entre 1834–1847, mais da metade dos trabalhadores eram mulheres e crianças.[32]

A segunda, intitulada *Lord Althrop Act*, de iniciativa da Comissão Sadler, instituída com o intuito de verificar as condições de trabalho nas fábricas, fixou igualmente a idade mínima de 9 anos para o labor, limitou para nove horas a jornada de crianças até 13 anos e para doze horas a jornada de adolescentes menores de 18 anos, além de proibir o trabalho noturno para crianças e adolescentes.[33]

Não obstante essas leis, a exploração do trabalho infantil na Inglaterra só reduziu em 1870, com o advento do *Ato de Educação Elementar*, que obrigava as crianças a frequentar escolas, inicialmente em meio período e, mais tarde, em tempo integral. Essa lei foi de uma importância ímpar na época, uma vez que introduziu a escolaridade na infância, já que até então não havia qualquer preocupação com a instrução.[34]

---

[31] **Curso de Direito do Trabalho**, p. 420.
[32] Adalberto Martins, **A Proteção Constitucional ao Trabalho de Crianças e Adolescentes**, p. 26.
[33] Amauri Mascaro Nascimento, **Curso de Direito do Trabalho**, p. 33–34.
[34] Hain Grunspun, **O Trabalho das Crianças e dos Adolescentes**, p. 49.

A publicação desse Ato foi determinante para provocar uma mudança de mentalidade em relação ao trabalho infantil, não só na Inglaterra, mas em todo o mundo.

Acompanhando essa evolução, outros países da Europa também publicaram leis contrárias ao trabalho infantil. Na França, uma lei de 1814 proibiu o trabalho de crianças nas minas subterrâneas e qualquer trabalho para crianças com idade inferior a 8 anos. Em 1841 ficou estabelecida a jornada de oito horas para crianças menores de 12 anos e de doze horas para os menores de 16 anos. No ano de 1892 foi publicada outra lei que tratava das condições de trabalho de crianças nas fábricas.[35]

Na Alemanha, uma lei aprovada em 1839 coibiu o trabalho de crianças menores de 9 anos e, em junho de 1891, o Código Industrial (*Gewerbeordnung*) estabeleceu a obrigatoriedade da escolaridade e vedou a jornada noturna de trabalho para crianças e adolescentes. Seguiram-se, no mesmo sentido, as legislações da Suíça, Bélgica, Áustria, Itália e Rússia.[36]

---

[35] Adalberto Martins, *op. cit.*, p. 27.
[36] Cláudia Coutinho Stephan, **Trabalhador Adolescente**, p. 17.

3

A PROTEÇÃO DO TRABALHO DA CRIANÇA NO DIREITO INTERNACIONAL

3.1 A Convenção sobre os Direitos da Criança

O primeiro instrumento internacional a reconhecer os direitos da criança foi a Declaração Universal dos Direitos da Criança de 1959, constituída de dez princípios básicos, entre os quais se destacam dois: o direito da criança à proteção especial e o direito de lhe serem garantidas todas as oportunidades e facilidades para um desenvolvimento saudável e harmonioso.

A Declaração reconhece as crianças como sujeitos de direitos e lhes confere proteção especial ao desenvolvimento físico, mental, moral e espiritual, além de estabelecer educação básica e gratuita, compelindo os Estados signatários ao dever de priorizar a proteção à criança nos casos de negligência, crueldade, exploração e discriminação.

Pode-se dizer que a Declaração dos Direitos da Criança foi o ponto de partida para uma nova consciência em relação à infância, resultando na formulação da Doutrina da Proteção Integral, bem como na elaboração de outros instrumentos internacionais destinados a coibir a violação dos direitos da criança.

Não obstante o caráter cogente da Declaração, assim entendido por renomados autores[37], e a despeito do seu rico conteúdo, cujo texto serviu para promover o reconhecimento universal dos direitos da infância e, mais do que isso, dar origem à Doutrina da Proteção Integral, é mister ressaltar que, no plano prático, a Declaração não teve o condão de obrigar os Estados a efetivar as medidas de proteção à criança.

---

[37] Gustavo Ferraz de Santos Mônaco, **A Declaração Universal dos Direitos da Criança e seus Sucedâneos Internacionais,** p. 49. Sergio Augusto Guedes Pereira de Souza, **Os Direitos da Criança e os Direitos Humanos**, p. 60.

Sobre as Declarações Internacionais esclarece Gustavo Ferraz de Campos Mônaco:

> Certamente as declarações internacionais de direitos humanos têm o condão de chamar atenção da sociedade internacional para o desenvolvimento dos direitos humanos que lhe são preexistentes (direitos naturais). Nesse sentido, as declarações podem, ainda, solidificar costumes internacionais, ocasião em que se prestam à codificação do direito internacional, adquirindo caráter cogente. Já os tratados internacionais de direitos humanos prestam-se **sempre** a esse último desiderato, possuindo uma natureza jurídica vinculativa, diversa, portanto, da natureza das declarações (grifo do autor).[38]

Em vista da necessidade de instar os Estados a adotarem medidas efetivas de proteção à criança, a Comissão de Direitos Humanos das Nações Unidas deu início à elaboração do texto da Convenção sobre os Direitos da Criança, aprovado pela Assembleia Geral das Nações Unidas, em 20 de novembro de 1989.

É o tratado internacional de direitos humanos com o maior número de Estados signatários, totalizando 196 ratificações, tendo alcançado quase todas as nações do planeta, com exceção da mais poderosa: os Estados Unidos da América.[39]

A Convenção de 1989 trouxe grandes inovações. Reflete uma nova ideia de infância, baseada nos direitos humanos[40] e num consenso global do conceito de criança. Afirma que todas as crianças têm direitos próprios da infância, define as obrigações dos Estados-partes e, sobretudo, identifica a infância como um período distinto da fase adulta, na medida em que impede a prática de determinadas atividades e a aplicação de penalidades incompatíveis com a idade.

Sob a forma de Tratado Internacional de Direitos Humanos e, portanto, com força jurídica e vinculante, a Convenção sobre os Direitos da Criança passou a obrigar os Estados-membros a prevenir quaisquer violações de direitos, estabelecendo mudanças no plano interno, inclusive no âmbito legislativo, como foi o caso da Lei n.º 8.069/90 no Brasil.

---

[38] *Ibid*, p. 63.
[39] Disponível no site: https://www.unicef.org/brazil/convencao-direitos-da-crianca-30-anos.
[40] Observa José Eduardo de Faria: "a aplicação dos direitos humanos e sociais tem um peso decisivo no aperfeiçoamento do processo político, cultural e econômico do país", **Direitos Humanos, Direitos Sociais e Justiça**, p. 109.

Enquanto os tratados internacionais tradicionais objetivam a reciprocidade entre os Estados signatários, os tratados de direitos humanos buscam a proteção dos direitos da pessoa humana, impondo obrigações aos Estados que os ratificaram em relação aos indivíduos que se encontram sob sua jurisdição.

É oportuna a explicação de Valério de Oliveira Mazzuoli:

> No que tange especificamente aos tratados de proteção dos direitos humanos, cabe destacar a necessidade de interpretação que leve em conta sempre a norma **mais favorável** ao ser humano. Tal quer dizer que os tratados de direitos humanos devem ser interpretados tendo sempre como paradigma o princípio **pro homine**; por meio deste princípio, deve o intérprete optar pela norma que, no caso concreto, **mais proteja** o ser humano sujeito de direitos (grifo do autor).[41]

A Convenção sobre os Direitos da Criança inclui-se entre os tratados internacionais de direitos humanos ratificados pelo Estado Brasileiro, tendo sido incorporada ao Direito Interno no ano de 1990, sem qualquer reserva[42], em virtude de sua relevância e à vista da real necessidade de se proteger a criança e garantir seus direitos.

Trata-se, pois, de uma lei internacional, cuja força jurídica vinculante não é passível de discussão pelos Estados-partes, dado seu inquestionável caráter de *jus cogens*.

Sobre o assunto bem observa Flávia Piovesan:

> Ao caráter especial dos tratados de proteção dos direitos humanos, poder-se-ia ainda acrescentar o argumento, sustentado por parte da doutrina publicista, de que os tratados de direitos humanos apresentam superioridade hierárquica relativamente aos demais atos internacionais de caráter mais técnico, formando um universo de princípios que apresentam especial força obrigatória denominada "**jus cogens**" (grifo do autor).[43]

---

[41] **Direito dos Tratados**, p. 281. No mesmo sentido: Flávia Piovesan, **Temas de Direitos Humanos**, p. 68.
[42] Explica Pedro B. A. Dallari: "É a condição à ratificação ou à adesão imposta pelo Congresso Nacional, objetivando inovação no corpo do tratado internacional, não se confunde com o recurso ao instituto da **reserva**, pois esta tem de estar prevista, de forma implícita ou explícita, no próprio texto convencional, sendo a eventual opção por ela, quando da apreciação da matéria pelo parlamento, mera eleição de possibilidade previamente assinalada — e não emenda a tratado" (grifo nosso), **Constituição e Tratados Internacionais**, p. 94.
[43] **Direitos Humanos e o Direito Constitucional Internacional**, p. 66.

Cite-se novamente Valério de Oliveira Mazzuoli:

> Dizer que o **jus cogens** é "norma imperativa de Direito Internacional geral" não significa dizer que os seus preceitos são somente **obrigatórios**, uma vez que mesmo aqueles derivados do **jus dispositivum** também o são, mas quer significar que são **insuscetíveis de derrogação pela vontade as partes**. Em princípio, toda norma jurídica é **obrigatória**, mas nem todas são absolutamente **imperativas** como é o caso do **jus cogens**. A imperatividade (absoluta, total) das normas de **jus cogens** passa, assim, a encontrar o seu fundamento de validade na sua inderrogabilidade (grifo do autor).[44]

De fato, a força jurídica vinculante da Convenção sobre os Direitos da Criança, em virtude do seu caráter de *jus cogens*,[45] obriga os Estados-membros a cumprirem as disposições nela contidas, todas voltadas à proteção e ao respeito à infância, o que, frise-se, já havia sido reconhecido pela comunidade internacional por meio da Declaração dos Direitos da Criança.

É evidente que a Convenção veio consolidar a doutrina da proteção integral, introduzida pela Declaração dos Direitos da Criança, além de criar obrigações aos Estados para com os seus destinatários. A garantia de cumprimento dá-se por via dos mecanismos de monitoramento: os relatórios periódicos, único meio de controle previsto no seu texto.

O artigo 43 da Convenção prevê o Comitê sobre os Direitos da Criança, responsável pela fiscalização do cumprimento das normas ali estabelecidas, bem como pela análise detalhada dos relatórios periódicos remetidos pelos Estados-partes, nos quais devem constar informações sobre medidas legislativas, administrativas e judiciais que vêm sendo adotadas para o efetivo cumprimento das disposições da Convenção.

A Convenção sobre os Direitos da Criança também conta com Protocolos Facultativos. Estes são instrumentos que complementam as convenções e os tratados internacionais, seja adicionando algum procedimento para o cumprimento destes, seja aprofundando algum tópico já existente. São "Facultativos" porque as obrigações tendem a ser mais específicas do que as constantes no instrumento original, cabendo aos Estados decidir se devem ou não se vincular a eles.

---

[44] *Op. cit.*, p. 315.
[45] Ensina João Grandino Rodas: "A especificidade do *jus cogens* no prisma jurídico é que toda norma derrogatória de suas disposições é nula", **Jus Cogens e o Direito Internacional**, p. 28.

Em 27 de janeiro de 2004, o Brasil ratificou dois importantes Protocolos Facultativos: a) Venda de Crianças, Prostituição e Pornografia Infantis; b) Envolvimento de Crianças em Conflitos Armados. Em 29 de setembro de 2017, ratificou mais um Protocolo Facultativo, relativo a um procedimento de comunicações, apto a permitir que crianças apresentem diretamente ao Comitê previsto no artigo 43 da Convenção reclamações e petições de violações dos seus direitos.

Em resumo: o Brasil ratificou a Convenção sobre os Direitos da Criança em 24 de setembro de 1990, promulgando-a por meio do Decreto n.º 99.710 de 21/11/1990 e ratificou dois Protocolos Facultativos em 2004, além de um terceiro em 2017.

3.1.1 A incorporação da Convenção sobre os Direitos da Criança ao Direito Brasileiro

A incorporação dos tratados e convenções internacionais ao Direito Interno dos países que integram a comunidade internacional divide a doutrina em duas teorias: monista e dualista.

Para a teoria monista o direito é unitário, as normas internacionais e internas integram uma só ordem jurídica, uma vez que há interdependência entre elas, devendo prevalecer a norma de Direito Internacional, na hipótese de conflito.

O monismo internacionalista já era defendido por Hans Kelsen. Segundo o jurista austríaco, as relações entre o Direito Internacional e o Direito Interno compõem uma só ordem jurídica, sendo que o primeiro forma a base da ordem jurídica nacional, passando a constituir a única fonte validadora do ordenamento jurídico. Para Kelsen, em virtude da necessária subordinação ao Direito Internacional, não pode o Direito Interno limitar o âmbito de aplicação das normas internacionais.[46]

Para a corrente doutrinária monista, sendo o direito unitário, os tratados de direitos humanos seguem a sistemática da incorporação automática, isto é, passam a produzir efeitos no ordenamento jurídico logo após sua ratificação, dispensando a edição de ato normativo nacional para sua

---

[46] Kelsen já defendia o monismo jurídico: "Apenas existe uma unidade cognoscitiva de todo o Direito, o que significa que podemos conceber o conjunto formado pelo Direito Internacional e as ordens jurídicas nacionais como um sistema unitário de normas — justamente como estamos acostumados a considerar como uma unidade a ordem jurídica do Estado singular", **Teoria Pura do Direito**, p. 248.

eficácia no ordenamento interno, em razão do princípio constitucional da prevalência dos direitos humanos preconizado nos artigos 4º, II e 5º, §§ 1º e 2º, da Constituição Federal.[47]

Por outro lado, a teoria dualista considera o Direito Internacional e o Direito Interno ordens jurídicas distintas e independentes, de modo que, para que a norma internacional passe a vigorar em território nacional, faz-se necessária a edição de uma fonte interna após a ratificação, ou seja, uma lei (dualismo radical) ou um decreto presidencial (dualismo moderado). Sobre a teoria do dualismo moderado, atual tendência do Brasil, as palavras de Hildebrando Accioly:

> Somente depois de incorporadas ao ordenamento jurídico interno, podem as normas de origem internacional criar direitos e deveres para os particulares, ainda que antes disso tenha o Estado em relação aos seus cocontratantes assumido suas obrigações no plano internacional, por ratificação e depósito do instrumento próprio.[48]

Em síntese, enquanto a corrente monista entende ser suficiente o ato de ratificação do tratado ou convenção para que a norma internacional possa vigorar no âmbito interno, a corrente dualista só a reconhece mediante a intermediação de um ato normativo, o qual tem o escopo de conferir executoriedade e dar publicidade ao tratado internacional.

Abraçando a corrente monista, Flávia Piovesan entende que, por força do artigo 5º, §§ 1º e 2º, cujas normas são de aplicação imediata, não se põe em dúvida que a Constituição Federal confere tratamento diferenciado aos tratados de proteção aos direitos humanos, adotando a sistemática da incorporação automática, para fins de executoriedade no âmbito interno. Nas palavras da autora:

> [...] diante do princípio da aplicabilidade imediata das normas definidoras de direitos e garantias fundamentais, os tratados de direitos humanos, assim que ratificados, devem irradiar efeitos na ordem jurídica internacional e interna, dispensando a edição de decreto de execução. Já nos casos dos tratados tradicionais, há exigência do aludido decreto, tendo em vista o silêncio constitucional acerca da matéria. Logo,

---

[47] "Prevalência dos direitos humanos". "As normas definidoras dos direitos e garantias fundamentais têm aplicação imediata". "Os direitos e garantias dos direitos expressos nesta Constituição não excluem outros decorrentes do regime e dos princípios por ela adotados, ou dos tratados internacionais em que a República Federativa do Brasil seja parte".

[48] **Manual de Direito Internacional Público**, p. 239.

defende-se que a Constituição adota um sistema jurídico misto, já que, para os tratados de direitos humanos acolhe a sistemática da incorporação automática, enquanto para os tratados tradicionais acolhe a sistemática da incorporação não automática.[49]

Igual é a nossa posição. A cláusula aberta do § 2º do artigo 5º da Constituição Federal de 1988 é de recepção plena e aplicação automática, pelo que atribui *status constitucional* aos tratados e convenções internacionais de proteção dos direitos humanos, desde que devidamente ratificados pelo Estado Brasileiro. Com efeito, a autoaplicabilidade dos tratados internacionais de proteção dos direitos humanos deriva da própria natureza desses direitos, que, sendo universais, devem ser aceitos de imediato pelos Estados-partes, independentemente do seu Direito Interno.

Em que pese a doutrina dualista, a nosso ver, os tratados de direitos humanos deveriam seguir o rito da incorporação automática ao Direito Interno, sem a necessidade de decreto presidencial, pois não parece razoável que um Estado se comprometa a acatar preceitos de um tratado ou convenção, se esses preceitos não puderem ser imediatamente exigíveis.

Sendo assim, defendemos a natureza constitucional dos tratados de direitos humanos devidamente ratificados pelo Estado Brasileiro, posto que, em razão do conteúdo diferenciado desses tratados, sempre serão materialmente constitucionais.

Após inúmeras controvérsias sobre a incorporação dos tratados e convenções de direitos humanos, o Brasil decidiu adotar o dualismo moderado para integrar ao seu ordenamento interno as normas de Direito Internacional; tal qual ocorreu com a Convenção Internacional sobre os Direitos das Pessoas com Deficiência e seu Protocolo Facultativo, promulgado pelo Presidente da República, por meio do Decreto n.º 6.949 de 25/8/2009. Aliás, o Supremo Tribunal Federal já havia se manifestado nesse sentido, na ADI n.º 1.480-DF.[50]

---

[49] **Direitos Humanos e o Direito Constitucional Internacional**, p. 88–89.

[50] *"O decreto presidencial que sucede à aprovação congressual do ato internacional e à troca dos respectivos instrumentos de ratificação revela-se enquanto momento culminante do processo de incorporação desse ato internacional ao sistema jurídico doméstico — manifestação essencial e insuprimível, especialmente se considerados os três efeitos básicos que lhe são pertinentes: a) a promulgação do tratado internacional; b) a publicação oficial do seu texto; e c) a executoriedade do ato internacional, que passa, então, e somente então, a vincular e a obrigar no plano do direito positivo interno"* (ADI 1.480-DF, Rel. Min. Celso de Mello, DJU, 13.5.1998) (grifo nosso).

Depois de incorporado ao Direito Interno, o tratado internacional é autoaplicável, isto é, uma vez em vigor no território nacional, as normas por ele emanadas geram direitos e obrigações aos Estados. No entanto, não obstante a autoaplicabilidade, que decorre da mera entrada do tratado internacional no país, são exigidos dois diplomas normativos de direito, quais sejam: o decreto legislativo e o decreto do Presidente da República.

Explica Pedro B. A Dallari:

> Os diplomas normativos de direito interno exigíveis são tão-somente aqueles que têm por finalidade: a) exteriorizar a decisão política de aprovação do tratado pelo Congresso Nacional — o decreto legislativo; e b) dar publicidade ao ato de ratificação ou adesão e, consequentemente, de vinculação do Estado brasileiro ao conteúdo do tratado — o decreto do Presidente da República.[51]

Registre-se que nos termos do artigo 49, inciso I da Constituição Federal, todos os tratados internacionais, de proteção aos direitos humanos ou não, antes do ato de ratificação, demandam a aprovação do Congresso Nacional, por meio de Decreto Legislativo.[52] No intuito de solucionar qualquer polêmica sobre a incorporação dos tratados de direitos humanos ao Direito Brasileiro, aprovou-se a Emenda Constitucional n.º 45, de 8/12/2004 (EC 45/2004), para o fim de acrescentar o parágrafo 3º ao artigo 5º da Constituição Federal, que assim dispõe:

> Os tratados e convenções internacionais sobre direitos humanos que forem aprovados, em cada casa do Congresso Nacional, em dois turnos, por três quintos dos votos dos respectivos membros, serão equivalentes às emendas Constitucionais.

Conclui-se, portanto, que os tratados de direitos humanos têm *status* constitucional, conforme dispõe o § 2º do art. 5º da CF/1988 (aspecto material). E se aprovados em dois turnos, com o quorum de 3/5 dos votos

---

[51] **Constituição e tratados internacionais**, p. 104.
[52] No entender de Roque Carrazza: "**Discordamos da maioria da doutrina** quando sustenta que os tratados internacionais incorporam-se ao *Direito Interno* brasileiro por meio do decreto baixado pelo Presidente da República, após virem aprovados pelo Congresso Nacional, por meio de Decreto Legislativo. Este decreto, de antiga tradição (já que era editado desde a época do 1º Império), apenas divulga oficialmente, vale dizer, dá publicidade ao tratado. Não é ele, porém, *mas o decreto legislativo*, que incorpora o tratado internacional ao nosso Direito Interno" (grifo nosso), **Curso de Direito Constitucional Tributário**, p. 158.

de cada casa do Congresso Nacional, serão equiparados às emendas constitucionais (aspecto formal).[53]

A incorporação dos tratados e convenções internacionais ao Direito Brasileiro resta finalizada após cumprir as seguintes etapas: a) negociação entre as partes e assinatura do texto final; b) aprovação pelo Congresso Nacional por meio de Decreto Legislativo (CF, art. 49, I); c) ratificação ou adesão; d) promulgação e publicação por meio de um Decreto do Presidente da República. Somente após a promulgação, um tratado passa a produzir efeitos no plano interno.[54]

A atual posição do Supremo Tribunal Federal consagra a ideia de que os tratados de direitos humanos incorporados ao Direito Brasileiro sem a submissão ao rito previsto no art. 5º, § 3º da Constituição Federal possuem caráter de norma supralegal, isto é, superior à legislação ordinária, mas inferior à norma constitucional. De outra parte, se o tratado internacional for integrado ao Direito Interno obedecendo ao rito estabelecido pelo referido § 3º, será incorporado como norma constitucional.

Para a incorporação da Convenção sobre os Direitos da Criança ao Direito Brasileiro, seguiu-se a doutrina dualista moderada, ou seja, adotou-se a sistemática da incorporação não automática, demandando um decreto de promulgação para produzir efeitos no âmbito nacional. E assim foi. A Convenção foi incorporada ao ordenamento jurídico brasileiro por meio do Decreto Presencial n.º 99.710/90.

De acordo com o Supremo Tribunal Federal, a Convenção, não obstante seu caráter humanitário, não tem *status* constitucional, mas *status* supralegal, valendo mais do que a lei e menos do que a Constituição, pois não se submeteu ao rito previsto no § 3º do artigo 5º.

Celso Lafer ensina brilhantemente que a questão é temporal[55]. Vale dizer: os tratados internacionais de direitos humanos anteriores à promulgação da Constituição de 1988, aos quais o Brasil aderiu, têm a hierarquia de normas constitucionais, uma vez que foram recepcionados pelo § 2º do art.

---

[53] Para Fábio Andrade Medeiros: "[...] essa norma dá ao Congresso Nacional o poder de decidir quais tratados de direitos humanos devem ser incorporados como norma constitucional e quais não devem, promovendo assim um perigoso retrocesso que poderá fragilizar o sistema de promoção e proteção dos direitos humanos que vem sendo construído no Brasil desde 1988", **Monismo e dualismo no Direito Internacional e a jurisprudência do Supremo Tribunal sobre a incorporação dos tratados de direitos humanos ao ordenamento jurídico nacional.**
[54] Jacob Dolinger e Carmen Tiburcio, **Direito Internacional Privado**, p. 59–60.
[55] **A Internacionalização dos Direitos Humanos**, p. 16–17.

5º da Carta Magna. Contudo, há situações jurídicas intertemporais, como a de convenções e tratados internacionais de direitos humanos recepcionados no ordenamento jurídico a partir da vigência da Constituição Federal de 1988 até o advento da Emenda Constitucional n.º 45/2004 e que não seguiram o rito estabelecido no § 3º do art. 5º. Tais tratados e convenções, seja pelo seu conteúdo humanitário, seja por força do citado § 2º, são materialmente constitucionais, integrando o bloco de constitucionalidade, pelo que não podem ser inseridos na ordem interna como meras leis ordinárias.

Somos da opinião de que as modificações trazidas pela Emenda Constitucional n.º 45/2005, por meio da introdução do § 3º ao artigo 5º, fizeram com que o Estado Brasileiro aderisse a uma concepção de soberania estatal quase que absoluta, regredindo na proteção da dignidade humana, cujo princípio, de suma importância, vem preconizado no artigo 1º, inciso III, da Carta Magna.

Para nós, a edição do aludido § 3º não só acirrou as controvérsias sobre a incorporação dos tratados internacionais de direitos humanos, como também desvirtuou a finalidade das cláusulas abertas dos § 1º e § 2º do artigo 5º da Constituição Federal.

3.1.2 Considerações finais

É indiscutível a excelência da Convenção sobre os Direitos da Criança dentro da comunidade internacional, que não só objetivou assegurar, mas efetivamente tem assegurado à criança, o pleno exercício da cidadania.

Como bem assevera Alessandro Baratta: *"A maneira específica como está construída a cidadania plena da criança no sistema da Convenção depende da identidade diferente das crianças, nas suas distintas fases de desenvolvimento, em relação aos adultos"*.[56]

Note-se que a Convenção não só priorizou a criança, mas também a distinguiu do adulto, além de fixar um consenso global sobre os direitos da infância no âmbito internacional.

Tanto é assim que tem servido de base para movimentos organizados, como foi a Marcha Global contra o Trabalho Infantil, bem como para programas internacionais voltados à erradicação do trabalho infantil, a exemplo do Programa Internacional para Eliminação do Trabalho Infantil (IPEC), criado pela Organização Internacional do Trabalho em 1992.

---

[56] **Os Direitos da Criança e o Futuro da Democracia**, p. 85.

Dada a relevância da Convenção e a partir da universalização dos direitos humanos da criança, as violações praticadas pelos Estados passaram a ser do interesse de toda a comunidade internacional, de modo que a conduta do Estado violador poderá interferir negativamente nas relações com outros Estados.

Diga-se, finalmente, que a Convenção sobre os Direitos da Criança é um notável instrumento de proteção à infância, na medida em que delimita parâmetros universais dos direitos dos infantes, independentemente das tradições culturais de cada Estado que a ratificou.

3.2 A Organização Internacional do Trabalho

Criada em Paris, no ano de 1919, por força do Tratado de Versalhes, a Organização Internacional do Trabalho (OIT) passou a integrar o sistema da Organização das Nações Unidas em 1946. Sediada em Genebra, a OIT revelou-se um valioso organismo internacional, especializado em assuntos trabalhistas e responsável pela elaboração de normas internacionais de proteção ao trabalho.

A sua composição tripartite, isto é, com representantes governamentais, trabalhadores e empregadores, possibilita um amplo debate sobre as questões trabalhistas. É atribuição da Organização Internacional do Trabalho melhorar as condições laborais e combater trabalhos desumanos, como o escravo e o infantil, fixando normas e programas internacionais de proteção ao trabalho, que se materializam por meio de três instrumentos específicos, quais sejam: Resoluções, Convenções e Recomendações.[57]

As Resoluções são aprovadas por maioria simples e não acarretam qualquer obrigação para os Estados-membros, destinando-se a convidar organismos internacionais ou governos nacionais a adotarem as medidas nelas previstas, sempre voltadas à proteção do trabalho.

As Convenções são acordos internacionais que estabelecem normas de proteção ao trabalho, que se tornam obrigatórias, desde que formalmente ratificadas pelos Estados signatários, conforme as disposições constitucionais do ordenamento jurídico de cada um.

Na definição de Amauri Mascaro Nascimento: *"Convenções Internacionais são normas jurídicas emanadas da Conferência Internacional da OIT,*

---

[57] A Conferência Internacional do Trabalho da OIT é deliberativa e se destina a elaborar normas internacionais de proteção ao trabalho, por meio das Convenções e Recomendações.

destinadas a constituir regras gerais e obrigatórias para os Estados deliberantes que as incluem no seu ordenamento interno, observadas as respectivas prescrições constitucionais".[58]

Vê-se, pois, que para se tornarem obrigatórias e sujeitas a um controle internacional, as normas definidas pelas Convenções devem ser incorporadas ao Direito Interno de cada signatário conforme as respectivas legislações. É imperiosa a internacionalização das Convenções da OIT, para o fim de se alcançar a universalização das normas de proteção ao trabalho e, assim, preservar a dignidade do trabalhador.

No Brasil, as Convenções Internacionais da OIT passam a integrar o ordenamento jurídico após a edição de um decreto do Executivo (teoria dualista). Após a ratificação, a Convenção se torna obrigatória no plano internacional e passa a produzir efeitos na ordem interna depois de promulgada pelo Presidente da República, ficando no mesmo plano das leis ordinárias.

O controle internacional é bastante brando, limita-se tão somente à reprovação moral dos Estados-partes que deixaram de ratificar a Convenção ou a descumpriram. É curioso que esses mesmos países acabam por adotar no seu ordenamento jurídico as próprias normas da Convenção, em virtude de interesses comerciais, econômicos, ou até mesmo por pressão dos próprios trabalhadores, representados na OIT, para definição das normas internacionais.[59]

Já as Recomendações não têm força obrigatória, de modo que não estão sujeitas à ratificação, são de conteúdo programático, servindo de base para estabelecer diretrizes que poderão ser adotadas pelos Estados na formulação de políticas públicas ou programas destinados às questões trabalhistas.

Das várias Convenções internacionais ratificadas pelo Brasil, merecem destaque a de n.º 138, que trata da idade mínima para o trabalho e conta com 172 ratificações, e a de n.º 182, que objetiva eliminar as piores formas de trabalho infantil e atingiu o patamar de 187 ratificações.

Com a pandemia da Covid 19 houve um aumento de aproximadamente 8,4 milhões de trabalhadores infantis. A OIT estima que cerca de 160 milhões de crianças em todo mundo sejam vítimas do labor infantil

---

[58] **Curso de Direito do Trabalho**, p. 63.
[59] Ricardo Tadeu Fonseca, **A proteção ao trabalho da criança e do adolescente no Brasil**: o direito à profissionalização, p. 46.

e 73 milhões realizam atividades penosas e perigosas, especialmente nos campos agrícolas (dados de 2021).

3.2.1 A Convenção n.º 138 e a Recomendação n.º 146

A Convenção n.º 138 de 1973 pretende que todo Estado signatário comprometa-se a adotar uma política que garanta a elevação da idade mínima para o exercício de qualquer atividade laboral e, com isso, erradicar por completo o trabalho infantil, ainda que gradativamente.

Essa Convenção não estabelece qualquer idade para o ingresso no mercado de trabalho, ao contrário, preceitua que o próprio Estado o faça, desde que atendidas duas exigências: a) que o patamar mínimo não seja inferior à idade de conclusão da escolaridade obrigatória, b) que não seja, em qualquer hipótese, inferior a 15 anos.

Trata-se de um instrumento flexível, pois admite aos países de economia precária uma política de elevação progressiva da idade mínima para o trabalho, já que o grau de desenvolvimento desses países não permite uma radical alteração de idade para o ingresso no mercado laboral. Tais países podem, inicialmente, fixar uma idade mínima de 14 anos para o trabalho, desde que justificados os motivos para a adoção de tal medida.

A Convenção n.º 138 englobou todas as Convenções anteriores que versavam sobre a idade mínima para o ingresso no trabalho, salientando a necessidade de se garantir o pleno desenvolvimento físico e psíquico do trabalhador menor de 18 anos, inclusive para definir o patamar mínimo da idade laboral.

Desde a promulgação da Declaração Universal dos Direitos da Criança, cujos princípios chamaram a atenção da comunidade internacional, as Convenções voltadas para a proteção da infância passaram a influenciar o Direito Interno dos Estados-partes. Entre elas, destaca-se a de n.º 138, que demonstra com clareza sua finalidade: erradicar o trabalho infantil. E o fez de maneira inteligente, na medida em que concedeu aos países membros a oportunidade de adequarem, progressivamente, o seu ordenamento jurídico às normas nela contidas.[60]

---

[60] Wilson Donizeti Liberati e Fábio Muller Dutra Dias entendem que a "adequação progressiva atende possíveis conflitos entre normas internacionais e internas", **Trabalho Infantil**, p. 53.

A Recomendação n.º 146, por seu turno, procurou concretizar os objetivos traçados pela Convenção n.º 138. Dispõe que antes de estabelecer a idade mínima para o trabalho, os Estados signatários devem implementar políticas públicas e adotar medidas para minimizar os efeitos da pobreza.

Tais medidas consistem em desenvolver programas de auxílio à família, garantir o acesso à escolaridade fundamental e à emissão de documentos, sempre visando ao pleno desenvolvimento físico e psíquico da criança e do adolescente.

Após a concretização das medidas socioeconômicas destinadas a promover o bem-estar da criança e da família, compete aos Estados elevar, gradativamente, a idade mínima laboral para 16 anos, eliminando, assim, toda e qualquer forma de trabalho infantil, bem como qualquer trabalho perigoso para a pessoa menor de 18 anos.

Diante dessas considerações, percebe-se que embora flexíveis, as normas da Convenção n.º 138 buscam suprimir o trabalho infantil, detectar as causas que levam à sua exploração e, ainda, limitar a idade de ingresso no mercado laboral, exigindo medidas concretas e transparentes dos 172 Estados que a ratificaram. Um dado importante é que a Índia ratificou a Convenção em 2017, retirando do trabalho infantil uma boa parte das crianças do planeta com idade inferior a 12 anos, dado o seu alto contingente populacional.

A Convenção 138 tem um objetivo bem definido: o de melhorar as condições de vida de milhares de crianças e de suas famílias, pondo um fim ao gravíssimo problema da exploração da mão de obra infantil.

3.2.2 Ratificação da Convenção n.º 138 pelo Brasil

De acordo com o artigo 1º da Convenção n.º 138, o Estado-membro deve implementar políticas aptas a abolir o trabalho infantil. Já o artigo 2º da mesma Convenção determina que os países que a ratificarem estabeleçam, por meio de declaração anexa à ratificação, uma idade mínima para admissão em qualquer atividade laboral, proibindo o trabalho daquelas pessoas que ainda não alcançaram a idade mínima, fixada no seu ordenamento jurídico.

Ocorre que tal exigência não foi cumprida pelo Brasil, que fixou a idade de 14 anos para a aprendizagem e 16 anos para o trabalho comum, além de não ter apresentado programas que retirassem do mercado laboral crianças e adolescentes com idade inferior àquela estabelecida na Constituição Federal.[61]

Vale dizer, ao invés de enviar relatório detalhado à OIT, no qual constasse a idade mínima para o trabalho, bem como os motivos que justificassem essa idade, além das medidas adotadas para efetivar a eliminação do trabalho infantil, o Brasil se limitou a repetir a disposição contida no artigo 7º, inc. XXXIII da Constituição Federal, fato que impediu sua aceitação como subscritor da Convenção na primeira tentativa de ratificação.[62]

Após a negativa, o Brasil enviou um segundo relatório, este último aceito pela OIT, o que fez com que se tornasse signatário da referida Convenção n.º 138, ratificada no ano de 2001. Tanto esta como a Recomendação n.º 146 foram promulgadas por meio do Decreto n.º 4.134 de 15/2/2002.

É que para a OIT não basta a simples ratificação da Convenção, tampouco a existência de legislações que disponham sobre a idade mínima para o trabalho ou que proíbam o trabalho infantil; é mister a apresentação de relatórios periódicos, aptos a demonstrar quais as medidas adotadas para a concretização das disposições contidas na Convenção.

O Brasil ratificou a Convenção n.º 138 em 28/6/2001, porém já havia fixado a idade de 16 anos para o ingresso no mercado de trabalho desde o advento da Emenda Constitucional n.º 20 de 15/12/1998.

Embora a ratificação tenha ocorrido somente após a publicação da referida Emenda é forçoso reconhecer que antes mesmo de o Brasil se tornar signatário da Convenção, já não havia qualquer contradição entre a normatização nacional e a internacional, uma vez que o critério etário determinado pela Emenda n.º 20 é superior ao estabelecido na Convenção.

De fato, com a elevação da idade mínima para 16 anos, a legislação brasileira compatibilizou-se não só com as orientações da Convenção, mas também com a idade em que se costuma concluir a escolaridade no país, o que ocorre, em média, aos 14 anos. Assim, o ato formal de ratificação da Convenção n.º 138 e da Recomendação n.º 146 só veio reforçar as disposições contidas na Emenda Constitucional n.º 20/98.

3.2.3 A Convenção n.º 182 e a Recomendação n.º 190

---

[61] Erotilde Ribeiro dos Santos Minharro, **A Criança e o Adolescente no Direito do Trabalho**, p. 60.
[62] *Ibid.*, p. 61.

A Convenção n.º 182 da OIT dispõe sobre a abolição das piores formas de trabalho infantil e o implemento de ações concretas para eliminá-las. A fim de viabilizar o cumprimento das normas, a Convenção estabeleceu um parâmetro sobre as *piores formas* de exploração de mão de obra infantil, que podem ser entendidas como trabalhos intoleráveis, humilhantes e que atentem gravemente contra a saúde e a dignidade da criança.

Tendo em vista que o objetivo da Convenção n.º 182 é eliminar as mais degradantes formas de trabalho infantil, faz-se mister transcrever o seu artigo 3º, que menciona as seguintes hipóteses como sendo as piores formas de trabalho infantil:

> [...] a) todas as formas de escravidão ou práticas análogas à escravidão, tais como a venda e o tráfico de crianças, a servidão por dívida e a condição de servo, e o trabalho forçado ou obrigatório de crianças para serem utilizadas em conflitos armados; b) a utilização, o recrutamento ou a oferta de crianças para a prostituição, a produção de pornografia ou atuações pornográficas; c) a utilização, recrutamento ou a oferta de crianças para a realização de atividades ilícitas, em particular a produção e o tráfico de entorpecentes, tais como definidos nos tratados internacionais pertinentes; d) o trabalho que por sua natureza ou pelas condições em que é realizado, é suscetível de prejudicar a saúde, a segurança ou a moral das crianças.

É indubitável que todas as formas de trabalho infantil são prejudiciais ao desenvolvimento da criança, mas algumas são mais cruéis e brutais do que outras e, portanto, capazes de causar danos físicos ou psíquicos irreversíveis.

Com o intuito de erradicar por completo quaisquer trabalhos dessa natureza, a OIT editou as normas da Convenção n.º 182, exigindo ações e programas urgentes para esse fim. Dessa forma, os Estados-partes estão obrigados a adotar medidas voltadas para a abolição imediata de atividades laborais que, pela sua natureza, acarretem prejuízos à saúde da criança, levando-a, muitas vezes, a óbito.

A aludida Convenção também ressalta a importância de os signatários garantirem o acesso ao ensino básico e gratuito às crianças retiradas dessas atividades laborais, além de executarem programas de formação profissional sempre que possível.[63]

---

[63] Nilson de Oliveira Nascimento, **Manual do Trabalho do Menor**, p. 47.

Como se vê, a Convenção n.º 182 não substitui a Convenção n.º 138. Esta dispõe sobre a idade mínima para o labor e a supressão de todo e qualquer trabalho realizado antes dessa idade mínima. Já a Convenção n.º 182 trata de questões emergenciais relativas às piores formas de trabalho infantil, que independem da idade mínima definida pelos Estados que a ratificaram, bem como do grau de desenvolvimento de cada um deles.

Nos termos do artigo 2º da Convenção n.º 182, criança é a pessoa menor de 18 anos. Portanto, repita-se: para essa Convenção não importa a idade mínima fixada por cada Estado signatário, uma vez que são destinatários da proteção conferida por suas normas todos aqueles que ainda não completaram 18 anos.

A Recomendação n.º 190, por sua vez, procura concretizar os objetivos da Convenção n.º 182, sugerindo ações urgentes para a eliminação das piores formas de trabalho infantil. Além disso, propõe aos Estados-membros a sensibilização da opinião pública, a reunião de dados estatísticos sobre a natureza das atividades laborais infantojuvenis e a criação de um eficaz sistema de punição para aqueles que exploram a mão de obra infantil. Finalmente, sugere especial atenção às meninas, às crianças de tenra idade e ao grave problema do trabalho oculto.

A Convenção n.º 182 conta com 187 ratificações e foi mais um avanço no combate à exploração do trabalho infantil. Ratificada pelo Brasil em 2/6/2000 e promulgada em 12/9/2000, por meio do Decreto n.º 3.597, passou a vigorar no ordenamento jurídico brasileiro a partir de 2 de fevereiro de 2001.

4

A PROTEÇÃO DO TRABALHO DA CRIANÇA NO DIREITO BRASILEIRO

4.1 Evolução constitucional da proteção do trabalho infantil

As duas primeiras Constituições brasileiras, a Constituição do Império de 1824 e a de 1891, não trouxeram nos seus textos nenhuma proteção ao trabalho da criança ou do adolescente. A primeira restringiu-se a abolir as corporações de ofício, e a segunda, inspirada na Constituição norte-americana, não tratou de questões laborais, mas se limitou a assegurar a liberdade de associação.

Sobreveio a Constituição de 1934, influenciada pela Constituição mexicana de 1917 e pela de Weimar de 1919, as quais disciplinaram efetivamente os direitos trabalhistas e sociais, o que possibilitou ao Estado intervir em defesa dos trabalhadores para o fim de melhorar suas condições de vida.

Tal Constituição resultou de uma Assembleia Nacional Constituinte e foi a primeira no Brasil a tratar concretamente das relações laborais e dispor sobre normas de proteção ao trabalho de pessoas menores de 18 anos. Proibiu o trabalho de crianças e adolescentes com idade inferior a 14 anos, o trabalho noturno aos menores de 16 e, em indústrias insalubres, aos menores de 18 anos e às mulheres.[64]

Pode-se dizer que a Constituição de 1934 influenciou diretamente o constitucionalismo social[65] no Brasil, porém durou pouco mais de três anos, sendo substituída pela Constituição de 1937, outorgada por Getúlio Vargas em 10/11/1937, que criou o Estado Novo, marcado pelo autoritarismo. Embora corporativista, reproduziu o texto da Constituição anterior e instituiu o ensino primário básico e gratuito.

---

[64] Claudia Coutinho Stephan, **Trabalhador Adolescente**, p. 20.
[65] Segundo Amauri Mascaro Nascimento: "Denomina-se constitucionalismo social o movimento que, considerando uma das principais funções do Estado a realização da Justiça Social, propõe a inclusão de direitos trabalhistas e sociais fundamentais nos textos das Constituições dos países", **Curso de Direito do Trabalho**, p. 26.

Seguiu-a a Constituição de 1946, inspirada no modelo norte-americano e dotada do espírito social que envolveu a Constituição de 1934. Rompeu com a ditadura de Vargas, passando a proteger os direitos dos trabalhadores, inclusive do trabalhador menor de 18 anos.

A Constituição de 1946 manteve a idade mínima de 14 anos para o trabalho, proibiu discriminações salariais para um mesmo trabalho em razão de idade, sexo, nacionalidade ou estado civil e vedou o trabalho noturno e insalubre aos adolescentes menores de 18 anos. Entretanto, concedia ao juiz o poder de flexibilizar essas proibições conforme as necessidades de cada criança, até mesmo no tocante à garantia da própria sobrevivência e a de seus familiares.[66]

Com o golpe militar de 1964 outorgou-se a Constituição de 1967 e o país submeteu-se a uma ordem militar autoritária e violenta que se impôs pelo uso de armas. Houve uma drástica restrição dos direitos individuais, e no campo das relações laborais, suprimiu-se a vedação da diferença salarial para um mesmo trabalho, bem como se reduziu para 12 anos a idade mínima para o ingresso no mercado de trabalho, o que foi um lamentável retrocesso.[67]

Imposta por uma Junta Militar, sobreveio a Emenda Constitucional n.º 1 de 1969, que, tal qual a Constituição anterior, manteve a idade mínima de 12 anos.

Em 5/10/1988 foi promulgada uma nova Constituição. Diferentemente das anteriores resultou de uma Assembleia Nacional Constituinte que *contou com a participação popular para a elaboração do seu texto*, cuja principal preocupação é a valorização da pessoa humana.

No dizer de José Afonso da Silva:

> É a Constituição Cidadã, na expressão de Ulysses Guimarães, Presidente da Assembléia Nacional Constituinte que a produziu, porque teve ampla participação popular em sua elaboração e especialmente porque se volta decididamente para a plena realização da cidadania.[68]

Muitas foram as alterações trazidas pela Constituição de 1988, inclusive no que diz respeito à situação da infância no país. A sociedade inconformada com o descaso e a violência a que as crianças haviam sido submetidas

---

[66] Ricardo Tadeu Marques da Fonseca, **A proteção do trabalho da criança e do adolescente no Brasil**: o direito à profissionalização, p. 32.
[67] Cláudia Coutinho Stepan, *op. cit.*, p. 21.
[68] **Curso de Direito Constitucional Positivo**, p. 78.

durante tantas décadas passou a se mobilizar com o objetivo de alcançar efetivas transformações.

A sociedade civil, organizada em grupos e movimentos, decidiu levar à Assembleia Constituinte uma proposta de mudança substancial na política de proteção às crianças e aos adolescentes, política essa que lhes assegurasse os direitos fundamentais da pessoa humana, bem como direitos específicos, em razão de sua peculiar condição de pessoas em desenvolvimento.[69]

E assim foi. A Constituição de 1988 modificou o tratamento dado às crianças e aos adolescentes do país, uma vez que abraçou a doutrina internacional da proteção integral, garantindo-lhes com absoluta prioridade os direitos fundamentais, além de estabelecer o dever da família, da sociedade e do Estado de lhes proporcionar as condições necessárias para o pleno desenvolvimento de todas as suas potencialidades.

O artigo 227[70] do texto constitucional determina a ação conjunta do Estado e da sociedade em geral, a fim de assegurar prioritariamente os direitos das crianças e dos adolescentes, bem como garantir ao máximo as suas condições de vida, em razão de serem pessoas ainda em desenvolvimento.

Vê-se que os direitos mencionados no citado artigo estão intimamente relacionados uns com os outros, são direitos fundamentais da pessoa humana, mas com uma particularidade: pessoa que ainda não atingiu maturidade suficiente para decidir sobre questões da própria vida, necessitando de amparo e cuidados específicos por parte daqueles que estão obrigados pela Constituição Federal.

4.2 Emenda Constitucional n.º 20/98

4.2.1 Considerações gerais

---

[69] Observa Norberto Bobbio: "Com relação ao terceiro processo, a passagem ocorreu do homem genérico — do homem enquanto homem para o homem específico, ou tomado na diversidade de seus diversos *status* sociais, com base em diferentes critérios de diferenciação (o sexo, a idade, as condições físicas), cada um dos quais revela diferenças específicas, que não permitem igual tratamento e igual proteção. A mulher é diferente do homem; a criança, do adulto; o adulto, do velho; o sadio, do doente; o doente temporário, do doente crônico; o doente mental, dos outros doentes; os fisicamente normais, dos deficientes, etc.", **A Era dos Direitos**, p. 69.

[70] Dispõe o artigo 227 da CF/1988: "É dever da família, da sociedade e do Estado assegurar à criança e ao adolescente, com absoluta prioridade, o direito à vida, à saúde, à alimentação, à educação, ao lazer, à profissionalização, à cultura, à dignidade, ao respeito, à liberdade e à convivência familiar e comunitária, além de colocá-los a salvo de toda forma de negligência, discriminação, exploração, violência, crueldade e opressão".

A Constituição Federal de 1988 priorizou os direitos individuais e coletivos e, no artigo 7º, inciso XXXIII, revelou sua preocupação com a idade laboral mínima, estabelecendo a idade de 14 anos para qualquer espécie de trabalho, salvo na condição de aprendiz.

Após dez anos, sobreveio a Emenda Constitucional n.º 20, de 15/12/98, que alterou o citado inciso e determinou a idade mínima de 16 anos para o trabalho, excetuando o do aprendiz, a partir de 14 anos.[71]

Com a publicação da aludida Emenda, a legislação brasileira adaptou-se às normas internacionais, consubstanciadas na Convenção n.º 138 da Organização Internacional do Trabalho, muito embora a tenha ratificado somente em 28/6/2002. Como já foi dito, a Convenção coaduna a idade mínima para o trabalho com o término de escolaridade obrigatória de cada Estado-membro, desde que não inferior a 15 anos.

A nova Emenda Constitucional fixou limites para aquisição da capacidade jurídica laboral, os quais objetivam preservar crianças e adolescentes das danosas consequências advindas do trabalho precoce. E não só. A alteração da idade mínima, em conformidade com o sistema educacional brasileiro, favorece a criança e o adolescente na vida adulta, de forma a beneficiá-los duplamente.

Por um lado, a garantia de não labutar antes dos 16 anos possibilita ao jovem trabalhador a conclusão do ensino fundamental e, consequentemente, melhora seu grau de escolaridade, qualificando-o para o futuro; por outro, amplia as oportunidades de colocação no mercado de trabalho na idade adulta.

A proibição introduzida pela Emenda Constitucional n.º 20/98 funda-se em razões de ordem fisiológica, psíquica, moral e de segurança do trabalhador que ainda não goza de suficiente maturidade física e emocional para a realização de certas atividades, incompatíveis com seu desenvolvimento, além de estar mais exposto aos vícios e acidentes de trabalho. Note-se que esses fundamentos já haviam sido absorvidos pelos artigos 402 e 403 da CLT, que disciplinam o trabalho do adolescente.

---

[71] Art. 7º XXXIII – "proibição de trabalho noturno, perigoso ou insalubre a menores de 18 e de qualquer trabalho a menores de 16 anos, salvo na condição de aprendiz, a partir de 14 anos".

4.2.2 Polêmica a respeito dos contratos em curso

De acordo com a justificativa[72] da proposta que ocasionou a Emenda Constitucional n.º 20, vê-se que o intuito desta foi reduzir o tempo de permanência no sistema previdenciário, uma vez que procurou impedir o ingresso de pessoas muito jovens no mercado formal de trabalho, já que ficariam obrigadas a observar a idade mínima para aposentadoria.

Por conta do aumento da expectativa de vida da população brasileira nos últimos anos, a nova Emenda objetivou evitar aposentadorias de pessoas com menos de 60 anos, a fim de limitar seu tempo de permanência no sistema previdenciário e, com isso, reduzir gastos.[73]

Não obstante a finalidade primeira da Emenda Constitucional n.º 20 (limite de tempo no sistema previdenciário), a verdade é que acabou beneficiando crianças e adolescentes, ensejando elogios e críticas que dividiram os estudiosos do tema.

Com ela, o legislador constitucional teria tornado evidente a vontade de abolir o trabalho do adolescente menor de 16 anos, fixando a partir dos 14 anos o período de aprendizagem, antes tão flexível e sem qualquer limitação de idade que chegava quase a anular a norma proibitiva obrigatória.[74]

Para os que foram favoráveis à modificação trazida pela Emenda em questão, como o falecido jurista Hélio Bicudo, a norma constitucional é

---

[72] "Tal como já comentamos na Emenda 130, o substitutivo, ao estabelecer a idade mínima como requisito de obtenção do benefício de aposentadoria, consagrará uma injustiça, se continuar permitindo o ingresso no mercado formal a partir de quatorze anos ou como aprendiz, a partir de 12 anos (com repercussões previdenciárias, conforme dispõe o art. 65 da Lei 8.069/90, se maior de quatorze). Assim, aqueles que são obrigados a trabalhar mais cedo para melhorar a renda familiar teriam necessidade de laborar por mais tempo antes de se aposentarem. Contribuindo por mais tempo, sustentariam quem pode ingressar no mercado de trabalho em idade utilizada como patamar de cálculo para fixação da idade mínima no relatório. Isso não tem outro nome, senão iniquidade, o que não pode ser atributo de um sistema que se pretende ver modificado, para supressão de privilégios. Note-se que nossa subemenda não é radical, no sentido de fixar o piso de ingresso no mercado de trabalho a partir de 18 anos, o que seria aconselhável, mas já é suficiente para reduzir a injustiça constante do relatório, diminuir os índices de desemprego, por redução de oferta de mão de obra, e, ainda, indução à elevação do nível de escolaridade, *requisito de maior competitividade macroeconômica*" (sic) (justificativa apresentada pela bancada do PT).
[73] Rosa Maria Marques, Transformações no mercado de trabalho e a reforma da Previdência Social, **Economia Brasileira**, p. 277.
[74] Comentário publicado no jornal *Folha de S. Paulo* de 18/3/1999. Antes do advento da EC n.º 20, o art. 7º, inc. XXXIII da CF/1988 assim dispunha: "proibição de trabalho noturno, perigoso ou insalubre, aos menores de dezoito e de qualquer trabalho aos menores de quatorze anos, salvo na condição de aprendiz".

demasiadamente clara, a ponto de não admitir interpretações que invertam seu real sentido.

Também elogiosa é a posição de Oris de Oliveira ao entender que a alteração da idade mínima comporta duas interpretações. Uma delas bastante pobre, pois se atém tão somente ao *não proibitivo*. A outra, mais abrangente, alcança o espírito da norma constitucional, revelando os valores que ela visa preservar, como o direito da criança de brincar ou de conviver com seus familiares.[75]

No mesmo sentido há o pensamento de Wilson Donizeti Liberati e o de Fábio Muller Dutra Dias, ao sustentarem que o trabalho é um direito que deve ser garantido a todos, já que contribui para a construção de valores. Todavia, o ingresso no mercado laboral deve ser proibido antes da idade mínima imposta pela lei, tendo em vista a necessidade de preservar outros valores sumamente importantes, como o próprio direito de ser criança.[76]

Em outra direção, autores como Eduardo Gabriel Saad defendem que, num país onde há desemprego e pobreza em massa, abolir por completo o trabalho infantojuvenil seria impedir que as virtudes do trabalho influenciassem na formação do caráter da criança, já que a inatividade e a indisciplina seriam as principais causas responsáveis pela criminalidade.

Para Saad, sob o mero argumento de que o trabalho retira tempo das brincadeiras da infância, aumentam-se os índices de pobreza e, com o advento da Emenda Constitucional n.º 20, pessoas menores de 16 anos estão impedidas de trabalhar para o sustento de suas famílias, que, inúmeras vezes, estão impossibilitadas de manter os filhos na escola até essa idade.[77]

Para Mozart Victor Russomano, estimular os jovens de 14 a 16 anos a frequentarem a escola seria um esforço quase inútil, pelo que sugere a revisão e a derrogação da nova norma constitucional, a qual restringe a capacidade de trabalho de modo absoluto e está em desacordo com a realidade brasileira.[78]

---

[75] **Estatuto da Criança e do Adolescente Comentado**: comentários jurídicos e sociais, p. 209.
[76] **Trabalho Infantil**, p. 32.
[77] Eduardo Gabriel Saad, **Suplemento Trabalhista**, p. 191 e 193. **Em igual sentido:** Sérgio Pinto Martins entende que a nova EC ignora a realidade do país, sendo preferível ao jovem menor de dezesseis anos o labor, ao invés da prática de infrações ou ingestão de entorpecentes, **Direito do Trabalho**, p. 608.
[78] **CLT Anotada**, p. 96-97.

Thales Cerqueira assevera que a Emenda Constitucional n.º 20 auxiliou na redução do trabalho da criança, mas trouxe sérios problemas ao trabalho do adolescente. O trabalho, a partir de 14 anos, havia sido eficaz no combate à ociosidade e à delinquência, além de servir como fuga da violência doméstica, presente em tantas famílias pobres e desestruturadas.

Segundo esse autor, trabalhando, o adolescente alcança sua independência econômica e se torna capaz de garantir a própria subsistência e dignidade. A atividade laboral desde os 14 anos de idade não ofende a dignidade humana, ao contrário, desenvolve o senso de autodisciplina, além de assegurar o sustento da família.[79]

Partilhamos do entendimento de que a Emenda Constitucional n.º 20 foi um avanço na legislação brasileira,[80] eis que se destina a impedir a exploração da mão de obra infantil e proteger o trabalho do adolescente. Além disso, possibilita que crianças e adolescentes atinjam um nível educacional adequado, a ponto de permitir seu ingresso no mercado laboral na idade apropriada. Subtrair-lhes a educação básica é também subtrair-lhes o direito fundamental à educação e condená-los a repetir a história de trabalho infantil de seus pais e antepassados.

É certo que o trabalho enobrece e valoriza, mas enobrece o ser humano que já está suficientemente amadurecido para enfrentar um mercado de trabalho cada vez mais exigente. Em países emergentes como o Brasil, há uma enorme distância entre a realidade e a lei. Por isso, a lei deve ser suficientemente dinâmica para alterar a realidade de modo a torná-la justa, ou, pelo menos, aceitável.

E essa distância será eliminada, ou ao menos reduzida, com a efetiva implementação de políticas públicas e atitudes concretas, tais como: auxílio econômico às famílias, parcerias com a iniciativa privada para ampliação do número de empregos, fiscalização rígida no tocante à exploração do trabalho infantil, bolsas de estudos, conscientização de autoridades locais,[81] emprego de recursos financeiros para o bom funcionamento dos Conselhos de Direitos e Tutelares, entre tantas outras medidas.

---

[79] Thales Tácito Pontes Luz de Pádua Cerqueira, **Manual do Estatuto da Criança e do Adolescente**, p. 177–190.

[80] Ana Lúcia Kassouf informa que a legislação brasileira referente à idade mínima laboral é mais rígida do que em vários países europeus, como a Suíça (15), Alemanha (15), Inglaterra (13), equiparando-se à legislação dos Estados Unidos (16). Fonte: OIT, 1996. **Aspectos sócio-econômicos do trabalho infantil no Brasil**, p. 21–22.

[81] Prefeitos.

A despeito das críticas feitas à Emenda Constitucional n.º 20, que elevou a idade mínima para o trabalho do adolescente, é mister ressaltar que todos os autores são unânimes em coibir o labor infantil, subsistindo a polêmica para o trabalho da pessoa maior de 12 anos completos. Enfatize-se, ainda, que as Constituições brasileiras sempre proibiram o trabalho da criança, tendo havido modificações apenas quanto ao trabalho do adolescente.

Igualmente, há opiniões favoráveis e contrárias sobre a aplicação da Emenda Constitucional n.º 20 no que diz respeito aos contratos firmados com adolescentes entre 14 e 16 anos que já estivessem trabalhando antes da sua entrada em vigor.

No entender de Ricardo Tadeu Marques da Fonseca, a norma constitucional não afeta os contratos em curso, uma vez que se trata de direito adquirido do trabalhador, devendo ser protegido pela Constituição Federal, que é guardiã dos direitos adquiridos.[82]

Para Octavio Bueno Magano, porém, os contratos celebrados anteriormente à Emenda deveriam ter sido rescindidos a partir de 16/12/1998, uma vez que os preceitos constitucionais são de ordem pública e observância imediata, não havendo direito adquirido do trabalhador adolescente. O empregador que não rescindir o ajuste estará sujeito a multas decorrentes da fiscalização do trabalho.[83]

Também partilhamos do entendimento de que a referida Emenda aplica-se aos contratos em curso. Primeiramente, pela redação do artigo 5º, XXXVI da Constituição Federal: *"A lei não prejudicará o direito adquirido, o ato jurídico perfeito e a coisa julgada"*. Parece-nos que a lei a que se refere o citado artigo é lei ordinária, a qual, de acordo com a hierarquia das leis, submete-se à Constituição.

De outra parte, em se tratando de norma de ordem pública, é autoaplicável, de incidência plena e imediata, não dependendo de legislação posterior para sua imediata operatividade. Ademais, o direito adquirido não prevalece sobre o interesse público. Esses argumentos mostram que as disposições da Emenda Constitucional n.º 20 devem ser aplicadas até mesmo aos contratos em curso.

---

[82] Idade Mínima para o Trabalho: Proteção ou Desamparo, p. 587–588.
[83] Idade para o Trabalho do Menor e Trabalho de Crianças e Adolescentes.

Segundo José Afonso da Silva: *"o que se diz com boa razão é que não corre direito adquirido contra o interesse coletivo, porque aquele é manifestação de interesse particular que não pode prevalecer sobre o interesse geral"*.[84]

Nesse contexto, cabe ao empregador dispensar os empregados menores de 16 anos, a partir da data da publicação da Emenda, pagando-lhes as verbas rescisórias ou colocando-os em regime de aprendizagem.

4.3 Evolução legal da proteção ao trabalho infantil

O trabalho infantil existe no Brasil desde a época do povoamento, por volta de 1530, mas foi após a abolição da escravatura, no ano de 1888, que, muito lentamente, começaram a surgir as primeiras legislações contrárias à exploração da mão de obra infantil, como consequência das revoltas e preocupações decorrentes das péssimas condições a que estavam sujeitos os escravos.

Incontáveis vezes, os filhos de escravos eram separados dos pais e vendidos para os donos de grandes fazendas, os senhores de engenho. Essas crianças começavam a labutar desde os 4 anos de idade, quando já executavam tarefas domésticas leves na fazenda.

Um pouco mais crescidas, por volta dos 8 anos, pastoreavam o gado e trabalhavam nas lavouras, e aos 14 já o faziam como adultos. Pior era a situação das meninas, que além de executarem todas essas tarefas, sofriam constantes abusos sexuais, e se acaso resistissem, eram brutalmente espancadas.[85]

Com a abolição da escravatura, no final do século XIX, inúmeros escravos libertos, porém sem trabalho, ficaram à deriva, e já não podendo mais sustentar seus filhos acabavam por abandoná-los. O mesmo ocorreu com famílias brancas em decorrência do desemprego em massa ocasionado pela crise econômica que tomou conta do país na época.[86]

O desemprego, a pobreza e o abandono de filhos de escravos, bem como de famílias abastadas, resultou no aumento da criminalidade infantil, restando o trabalho como a única forma de se combater o ócio e a delinquência, passando a ser ainda mais estimulado.

---

[84] **Curso de Direito Constitucional Positivo**, p. 275.
[85] José Roberto de Góes Manolo Florentino, Crianças escravas, crianças dos escravos. *In*: Mary Del Priori (org.), **História das Crianças no Brasil**, p. 184.
[86] Hain Grunspun, **O Trabalho das Crianças e dos Adolescentes**, p. 51.

As consequências de um longo e tumultuado processo abolicionista, envolvendo fugas, passeatas, agressões físicas e mortes, foram dolorosas. Com a abolição, os escravos obtiveram a liberdade, mas ficaram sem trabalho, sem terras e apartados da sociedade, fatos que acarretaram o deslocamento de inúmeras crianças para as fábricas, de modo que, no final do século XIX e no início do XX, esses pequenos trabalhadores já haviam se dispersado por todo o Brasil.

O fim da escravatura levou crianças e adolescentes ao trabalho na agricultura e nas indústrias, já que a mão de obra infantojuvenil era mais dócil, mais barata e facilmente manipulável. Conforme dados estatísticos fornecidos pelo Departamento Estadual de Trabalho de São Paulo, a partir do ano de 1894, a indústria têxtil foi a que mais se utilizou do labor das crianças. O trabalho no campo também era bastante pesado, como o executado nas roças.[87]

Com tudo isso, surgem as primeiras preocupações sobre a necessidade de se repensar o trabalho infantil no país. A primeira lei brasileira de proteção ao trabalho das crianças foi o Decreto n.º 1.313, expedido após o fim da escravatura, em 27 de janeiro de 1891.

O referido Decreto proibia o trabalho de crianças menores de 12 anos nas fábricas, com exceção feita aos aprendizes, que podiam ingressar nas indústrias têxteis, a partir dos 8 anos. Apesar do progresso que representou num período em que a exploração da mão de obra infantil era demasiada, frise-se que esse Decreto não chegou a ser regulamentado e, por isso, nunca teve execução prática.[88]

Posteriormente, no ano de 1923, foi publicado o Decreto n.º 16.300, que aprovou o *Regulamento do Departamento Nacional de Saúde Pública*, estabelecendo no artigo 534 a proibição do trabalho por mais de seis horas, a cada período de vinte e quatro horas, aos menores de 18 anos. A Lei n.º 5.083, publicada em dezembro de 1926, reproduziu tal vedação, mas ambas não tiveram o condão de alterar, minimamente, a realidade social da época.

No governo de Getúlio Vargas houve efetivamente a intervenção do Estado nas relações de trabalho. Em 3 de novembro de 1932 foi expedido o Decreto n.º 22.042, que fixou a idade mínima de 14 anos para o trabalho nas indústrias e a de 16 anos para o realizado nas minas, além de exigir para

---

[87] Irma Rizzini, Pequenos Trabalhadores do Brasil, *In*: Mary Del Priori (org.). **História das Crianças no Brasil**, p. 377-378.
[88] Evaristo de Moraes, **Apontamentos de Direito Operário**, p. 32.

a admissão documentos comprobatórios de idade, saúde física e mental, bem como autorização dos responsáveis legais.

Ainda nesse governo, foram expedidos os Decretos n.º 1.238 de 2/5/1939 e n.º 3.616 de 13/9/1941: o primeiro versou sobre cursos de aperfeiçoamento profissional e o segundo instituiu a carteira de trabalho, ambos beneficiando trabalhadores adolescentes.[89]

Em 1927 foi aprovado o Código Mello Matos (Decreto n.º 17.943-A de 12/10/1927), que estabeleceu a idade mínima de 18 anos para o trabalho noturno, insalubre e perigoso, e de 12 anos para a execução de qualquer trabalho. Garantiu aos adolescentes a frequência à escola, avaliação médica, intervalo para descanso e proibiu o trabalho em minas de subsolo aos menores de 16 anos.

O aludido diploma foi revogado pela Lei n.º 6.697 de 10/10/1979, lei essa que aprovou o novo Código de Menores, que, por sua vez, quase não trouxe inovações, mas manteve a mesma concepção do anterior, remetendo as disposições do seu artigo 83 à Consolidação das Leis do Trabalho.[90] Ambos os Códigos (Mello Matos e Menores) adotavam posturas rígidas e autoritárias, mas ainda assim, foram reconhecidos como sendo as primeiras legislações de proteção aos "menores" já editadas na América Latina.

No dizer de Tânia Regina de Luca:

> A regulamentação do trabalho das mulheres e crianças esteve entre as principais reivindicações do período e mesmo quando se tornou lei, seja em âmbito estadual, com a reforma do Código Sanitário em 1917, ou federal, com o Código de Menores de 1927, o cumprimento das prescrições nunca se efetivou na prática.
>
> O industrial Jorge Street estimava, em 1917, que cerca de 50% do operariado fabril brasileiro era formado por indivíduos com idade abaixo dos dezoito anos. De fato, segundo o censo de 1920, perto da metade dos operários têxteis do país era constituída por mulheres e crianças com menos de quatorze anos.[91]

---

[89] Nilson de Oliveira Nascimento, **Manual do Trabalho do Menor**, p. 57.
[90] Art. 83: "A proteção ao trabalho do menor é regulada por legislação especial". **Código de Menores** (Lei n.º 6.697/1979).
[91] **Indústria e Trabalho na História do Brasil**, p. 26.

Na data de 1/5/1943 foi publicada a Consolidação das Leis do Trabalho, que reuniu num só texto toda a legislação até então existente. Tratou de disciplinar o trabalho de pessoas menores de 18 anos nos artigos 402 a 441, proibindo o trabalho noturno, perigoso, insalubre,[92] ou o executado em locais considerados inadequados para a formação moral do indivíduo.

Também fixou a idade mínima de 14 anos para o trabalho,[93] além de definir a duração da jornada de trabalho, dispor sobre a aprendizagem, entre outras disposições legais. Posteriormente, a Consolidação das Leis do Trabalho adequou-se às modificações trazidas pela Emenda Constitucional n.º 20, por meio da Lei n.º 10.097 de 19/10/2000.

No âmbito da legislação infantojuvenil, entrou em vigor a Lei n.º 8.069 de 13 de julho de 1990, que instituiu o Estatuto da Criança e do Adolescente, revogando a Lei n.º 6.697/79, o Código de Menores. Tal Estatuto resultou do inconformismo da sociedade civil, em razão do aviltante tratamento despendido a crianças e adolescentes até então.

A nova lei surgiu do esforço conjunto de pessoas, comunidades, juristas, movimentos populares e Organizações Não Governamentais (ONGs), sendo considerada uma das mais avançadas legislações na área da infância e juventude, pois que englobou no seu texto normas de proteção à criança e ao adolescente, de acordo com a Convenção sobre os Direitos da Criança, promulgada no ano de 1989.

Ao contrário do extinto Código de Menores, voltado basicamente para crianças e adolescentes que se encontravam em *situação irregular*, ou seja, situações difíceis que acabavam por ensejar a intervenção do Estado, como abandono ou delinquência; o Estatuto da Criança e do Adolescente adotou a *doutrina da proteção integral*, que beneficia todas as crianças, sem exceção, não importando sua condição econômica ou social.

---

[92] O art. 7º, XXXIII da CF e o art. 405 da CLT silenciaram a respeito do trabalho penoso. Essa deficiência foi suprida pelo art. 67, II da Lei n.º 8.069/1990.
[93] Tal dispositivo foi alterado pelo Decreto-Lei n.º 229, de 28/2/1967 para adequá-lo à Constituição Federal de 1967, que estabeleceu a idade mínima para o trabalho em 12 anos.

CAPACIDADE DAS PARTES E A NULIDADE DO CONTRATO DE TRABALHO

5.1 Capacidade jurídica para o trabalho

Uma vez que a idade mínima estabelecida pela Emenda Constitucional n.º 20 é determinante para a aquisição da capacidade jurídica no Direito do Trabalho, torna-se mister defini-la no sentido amplo e estrito.

Em sentido amplo pode ser entendida como a aptidão para ser titular de direitos e sujeito de obrigações. Segundo Karl Larenz é:

> [...] a capacidade de uma pessoa para ser sujeito de relações jurídicas e, por isso, titular de direitos e destinatário de deveres jurídicos. A capacidade jurídica corresponde ao indivíduo porque, conforme a sua natureza, é pessoa em sentido ético. Como tal, se encontra em relação jurídica fundamental, com todos os demais, isto é, tem direito ao respeito de sua dignidade como pessoa e o dever de respeitar a qualquer outro enquanto pessoa.[94]

Em sentido estrito, capacidade jurídica é a aptidão da pessoa para exercer todos os atos da vida civil. É a chamada capacidade de exercício de direitos.

O ilustre professor da Faculdade de Direito de Coimbra, Carlos Alberto da Mota Pinto, ensina que:

> [...] a **capacidade de exercício ou capacidade de agir** é a idoneidade para actuar juridicamente, exercendo direitos ou cumprindo deveres, adquirindo direitos ou assumindo obrigações, **por acto próprio e exclusivo** ou mediante

---

[94] *Por capacidad jurídica entiende la ley la capacidad de una persona para ser sujeto de relaciones jurídicas y, por ello, titular de derechos y destinatario de deberes jurídicos. La capacidad jurídica corresponde al individuo porque, conforme a su naturaleza, es persona en sentido ético. Como tal, se halla en relación jurídica fundamental con todos demás, esto es, tiene derecho al respeto de su dignidad **como** persona y el deber de respetar a cualquier otro en cuanto persona.* **Derecho Civil**: Parte General, p. 103–104.

um representante voluntário ou procurador [...] (grifo do autor).⁹⁵

Adquire-se a capacidade de exercício para o trabalho com a idade mínima estabelecida pela Constituição Federal e outras legislações, como o Estatuto da Criança e do Adolescente, a Consolidação das Leis do Trabalho e as Convenções internacionais ratificadas pelo Brasil, sendo que, após a alteração introduzida pela EC n.º 20/98, a capacidade jurídica laboral passou de 14 para 16 anos.

De acordo com André Viana Custódio e Josiane Rose Petry Veronese, a capacidade jurídica para o trabalho é fixada consoante os limites de idade previstos na legislação, segundo três critérios: 1) vedação de quaisquer atividades laborais, inclusive da aprendizagem, 2) proibição da execução de atividades laborais, excetuando-se a aprendizagem, 3) fixação da idade mínima de 16 anos para o exercício das atividades laborais, proibindo-se o trabalho noturno, perigoso ou insalubre. A contar da idade de 18 anos opera-se a aquisição da capacidade plena para o trabalho.⁹⁶

A nós interessa o trabalho executado pelas pessoas menores de 14 anos, ou seja, daquelas que estão impedidas de firmar contratos laborais, ante a expressa vedação da Constituição Federal. Consoante a legislação brasileira, são consideradas absolutamente incapazes para o trabalho as pessoas com idade inferior a 16 anos, salvo se estiverem na condição de aprendiz.

No âmbito do Direito Civil, o negócio jurídico é nulo de pleno direito, se ausente qualquer um dos requisitos previstos no artigo 104 do Código Civil, quais sejam: agente capaz, objeto lícito, possível, determinado ou determinável e forma prescrita ou não defesa em lei.

Havendo nulidade absoluta, o negócio não produz efeitos no mundo jurídico; entretanto, se produziu efeitos no mundo fático, a sentença que declara essa nulidade opera *ex tunc*, isto é, retira esses efeitos, retroagindo ao estado anterior à celebração do negócio.

Uma vez declarada a nulidade absoluta, cada uma das partes deve restituir à outra aquilo que recebeu e, não sendo possível a restituição *em espécie*, haverá restituição pelo equivalente em dinheiro, isto é, o pagamento de uma indenização por perdas e danos. Com efeito, nos termos do artigo 166, inciso I do Código Civil, o contrato celebrado por pessoa absolutamente incapaz é nulo desde a sua celebração.

---

[95] **Teoria Geral do Direito Civil**, p. 195.
[96] **Trabalho Infantil**, p. 141.

Já no Direito do Trabalho, a questão não é tão pacífica devido às particularidades do contrato laboral, quer por ser de trato sucessivo (as obrigações se prolongam no tempo), quer por ser impossível o retorno ao *statu quo ante*, ou, ainda, em razão dos princípios do Direito Laboral e da proteção do hipossuficiente econômico.

Entre os princípios do Direito do Trabalho pertinentes ao tema aqui tratado, destacam-se o da primazia da realidade e o da irretroatividade das nulidades. De acordo com o primeiro, o que importa é a real forma como foram prestados os serviços, uma vez que as relações de trabalho se definem pela situação de fato, e na hipótese de divergência entre os documentos trabalhistas e o efetivo trabalho realizado, prevalece esse último.[97]

Já o princípio da irretroatividade das nulidades, em virtude das controvérsias que suscita, merece uma atenção mais prolongada. Tal princípio, oriundo da teoria das nulidades, recebeu a valiosa contribuição de Mario de La Cueva.

Para o renomado professor da Universidade Nacional do México, de acordo com o Direito Civil, os efeitos produzidos por um contrato nulo retroagem à origem, o que não ocorre no Direito de Trabalho. Isso porque a sentença que decreta a nulidade de uma relação laboral, cujo fundamento seja a idade mínima para o trabalho, não pode determinar que se restitua ao trabalhador a energia que despendeu em favor do empregador.

Diante da impossibilidade de se apagar retroativamente os efeitos produzidos pela prestação do serviço deve ser total a aplicação da legislação trabalhista, vale dizer, o trabalhador deve receber todos os benefícios correspondentes ao serviço prestado, inclusive indenização por acidente de trabalho, se for o caso.[98]

---

[97] Américo Plá Rodriguez, **Princípios de Direito de Trabalho**, p. 210.

[98] "El art. 2226 del Código Civil previene que *cuando se pronuncie por el juez la nulidad, los efectos que se hubiesen producido serán destruidos retroactivamente*"; así, a ejemplo, si se pronuncia la nulidad de un contrato de compraventa, el comprador devolverá el bien y el comprador devolverá el precio, dos cosas que salieron de un patrimonio, entraron en otro al que no pertencían, para regresar finalmente a su lugar de origen. Esa solución no podría aplicarse al derecho del trabajo, pues la decisión que pronuncie la nulidad de una relación laboral por no haber alcanzado el menor la edad mínima de admisión al trabajo o por no haber obtenido el patrono el consentimiento del padre o tutor, si bien podría impedir que se continúe prestando el trabajo, no puede lograr que se restituya al trabajador la energía de trabajo que entregó al patrono, de donde resultaría absurdo ya no que se obligara, sino simplemente que se planteara la devolución de los salarios que recibió. En estas condiciones, desaparece toda posibilidad de destruir retroactivamente los efectos que se hubiesen producido por la aplicación de las leyes laborales a la prestación del trabajo; por lo contrario, su aplicación debe ser total, lo que quiere decir que el trabajador deberá recibir todos los beneficios que correspondan al trabajo que hubiese prestado: salarios, primas o una indenización en el caso infortunado de que resulte víctima de un riesgo de trabajo." **El Nuevo Derecho Mexicano Del Trabajo**, p. 208.

Com base na teoria das nulidades, firmaram-se diversas posições sobre a nulidade do contrato laboral celebrado com trabalhador menor de 16 anos, que **não** esteja em regime de aprendizagem.

Pontes de Miranda assevera que o Direito do Trabalho é direito protetivo, acarretando duas importantes consequências: cumprir o empregador com as obrigações oriundas do contrato e garantir a restituibilidade do serviço prestado, mesmo que haja nulidade. Assim, se o empregado não atingiu a idade mínima para o trabalho, o contrato é nulo, contudo, conta-se todo o tempo em que o serviço foi prestado, pois se o trabalho foi realizado em favor de alguém deve ser retribuído como se válido fosse.[99]

Para Délio Maranhão,[100] sendo uma das partes absolutamente incapaz, o ajuste é nulo, todavia o contrato de trabalho é de trato sucessivo e seus efeitos não desaparecem retroativamente, sendo devidos *apenas* os salários, como pagamento da contraprestação equivalente, a título indenizatório.[101]

Alice Monteiro de Barros sustenta que, nos termos dos artigos 593 e 606 do Código Civil, a contraprestação pelo trabalho realizado deverá seguir o parâmetro daquela que seria paga a quem prestasse o serviço como *autônomo*. Na ausência do requisito capacidade, o contrato é nulo, no entanto produz alguns efeitos jurídicos, como o pagamento de uma indenização.

De acordo com a autora, a lei veda o enriquecimento ilícito, e a força de trabalho da criança foi despendida em benefício de alguém, não havendo como restituí-la. Tratando-se de uma relação *extracontratual*, a natureza da retribuição a ser auferida não é salarial, sendo a melhor solução o pagamento de uma compensação razoável.[102]

Sérgio Pinto Martins admite não só o vínculo empregatício, mas a própria *validade* do contrato laboral se estiverem presentes todos os pressupostos do art. 3º da CLT, ainda que o agente seja absolutamente incapaz. Deve ser reconhecido o contrato de trabalho e assegurado ao trabalhador com idade inferior a 16 anos o pagamento da remuneração devida, já

---

[99] **Tratado de Direito Privado**, tomo XLVII, p. 492.
[100] Arnaldo Sussekind e Délio Maranhão, **Instituições de Direito e Processo do Trabalho**, p. 255.
[101] "**Contrato de Trabalho. Menor de 14 anos** – É nulo, à luz do art. 7º, inciso XXXIII da Constituição do Brasil, o contrato de trabalho celebrado por menor de quatorze anos. São devidos, no entanto, os salários — uma vez que, no Direito do Trabalho, prevalece a regra geral da irretroatividade das nulidades". TRT – 3ª Reg – 1ª T – RO 6398/97 – Rel: Manuel Cândido Rodrigues – DJMJ 5.12.97, p. 7.
[102] **Curso de Direito do Trabalho**, p. 510–511.

que a garantia constitucional não pode ser contra ele interpretada, mas a seu favor.[103]

Valentin Carrion entende que o contrato é ilegal, em virtude da nulidade absoluta, mas o trabalho foi realizado e a relação de emprego deve ser reconhecida, outorgando-se ao menor de 16 anos não só os salários devidos pelos serviços prestados, mas *todos os direitos* trabalhistas e previdenciários decorrentes dessa relação de emprego, inclusive anotação na Carteira de Trabalho e Previdência Social (CPTS), pois o contrário seria interpretar a legislação em seu prejuízo.[104]

José Affonso Dallegrave Neto sustenta que, se uma das partes é absolutamente incapaz, o contrato é nulo, porém *eficaz*, eis que produz efeitos jurídicos, como o pagamento de todas as verbas trabalhistas, benefícios previdenciários e anotação da CTPS. Segundo o autor, não se aplicam ao Direito do Trabalho todas as regras do Direito Civil, já que deve haver compatibilidade destas com os princípios daquele, quais sejam: irretroatividade das nulidades, primazia da realidade e proteção ao trabalhador. Daí serem devidas todas as verbas trabalhistas e benefícios previdenciários ao trabalhador menor de 16 anos que prestou serviços ao empregador.[105]

Amauri Mascaro Nascimento afirma que a capacidade das partes é um dos requisitos de validade do contrato de trabalho e a ausência desse pressuposto leva à nulidade do ajuste. Ocorre, porém, que dadas as peculiaridades do Direito do Trabalho, o contrato celebrado por agente incapaz gera efeitos jurídicos até o momento da declaração da nulidade, isto é, tem eficácia *ex nunc*, impedindo a partir daí a produção de novos efeitos, bem como o surgimento de outras situações jurídicas decorrentes do contrato, uma vez que no Direito Laboral vigoram princípios e regras específicas, diversas do Direito Civil.[106]

Assim é o princípio da irretroatividade das nulidades, segundo o qual o contrato de trabalho produz todos os efeitos até que seja declarada a nulidade. Tal princípio relaciona-se com a impossibilidade de se devolver ao trabalhador a força de trabalho já despendida, bem como de se restituir as partes contratantes à situação anterior, não havendo o retorno ao *statu quo ante*.

---

[103] **Direito do Trabalho**, p. 608.
[104] **Comentários à Consolidação das Leis do Trabalho**, p. 70–71.
[105] **Revista do Direito do Trabalho**, p. 673–677.
[106] **Curso de Direito do Trabalho**, p. 290.

No dizer de Orlando Gomes e Elson Gottschalk:

> Em Direito do Trabalho, a regra geral há de ser a irretroatividade das nulidades. O contrato nulo produz efeitos até a data em que for decretada a nulidade. Subverte-se, desse modo, um dos princípios cardeais da teoria civilista das nulidades. A distinção entre os efeitos do ato nulo e do ato anulável se permanece para alguns, não subsiste em relação a este contrato.[107]

No entender dos referidos autores, se o empregador firmar contrato com alguém que não atingiu a idade mínima para o trabalho, como, por exemplo, uma criança de 11 anos, o contrato produzirá todos os efeitos até a declaração da nulidade, respeitando-se os atos praticados e os direitos que deles decorrem.

Como se vê, para a quase totalidade dos estudiosos do Direito do Trabalho, independentemente de o contrato ser nulo, a criança ou adolescente que executou determinado trabalho deve ter todos os seus direitos trabalhistas e previdenciários garantidos, em virtude da força de trabalho despendida em favor do empregador, da vedação legal do enriquecimento ilícito e dos princípios norteadores do Direito do Trabalho.[108]

Conclui-se, portanto, que se torna inaplicável o rigor das regras do Direito Civil ao contrato de trabalho, em face das características especiais deste, do sentido social de que se reveste, da continuidade da prestação do serviço e da posição do trabalhador na relação jurídica, considerado hipossuficiente econômico.

Para nós, sendo uma das partes absolutamente incapaz, o contrato é nulo, já que se trata de nulidade absoluta e, como tal, deve ser declarada por sentença. Mas embora o contrato seja nulo, produziu efeitos,[109] tais como o reconhecimento judicial de uma efetiva relação de emprego para fins de recebimento de todas as verbas trabalhistas, benefícios previdenciários e

---

[107] **Curso de Direito do Trabalho**, p. 125–126.
[108] Mario De La Cueva sustenta que o contrato de trabalho é um contrato-realidade.
[109] Sobre os efeitos da nulidade no Direito Civil, afirma Custódio da Piedade Ubaldino Miranda: "Um negócio absolutamente nulo pode produzir, em certos casos, determinados efeitos. É por exemplo, a hipótese do casamento putativo que, não obstante nulo, produz efeitos em relação aos filhos e até mesmo em relação ao cônjuge. Pai e filha podem contrair casamento putativo, ignorando o vínculo de parentesco, isto é, de boa-fé. O casamento produz efeitos (quanto aos cônjuges, em relação àquele que estiver de boa-fé), até que a sua nulidade seja declarada por sentença judicial. São os efeitos do nulo", **Teoria Geral do Negócio Jurídico**, p. 153.

anotação na CTPS, ante a presença dos requisitos do artigo 3º da Consolidação das Leis do Trabalho.[110]

A criança contratada ao arrepio da lei fará jus a todos os direitos assegurados pela legislação trabalhista, por força dos princípios que norteiam o Direito do Trabalho e, sobretudo, em obediência do disposto no artigo 7º, inciso XXXIII, da Constituição Federal, que visa proteger a criança e o adolescente.[111]

É que a limitação etária imposta pela EC n.º 20/98 busca beneficiar a criança e o adolescente, não podendo ser invocada pelo empregador para eventual alegação de nulidade do contrato laboral, a fim de favorecê-lo em prejuízo da criança trabalhadora.

A alegação da nulidade do contrato em benefício do empregador redundaria na violação de um dos princípios fundamentais da ordem jurídica, o da **boa-fé**,[112] hoje positivado no art. 422 do Código Civil: "*Os contratantes são obrigados a guardar, assim na conclusão do contrato, como em sua execução, os princípios da probidade e da boa fé*".

Quanto à aplicação do princípio da boa-fé no contrato de trabalho, sabe-se que, embora não seja princípio exclusivo do Direito Laboral, tem neste um sentido especial, em virtude do componente pessoal desse ramo jurídico, pois as relações de trabalho não estabelecem vínculos exclusivamente patrimoniais, mas pessoais e duradouros.[113]

---

[110] Art. 3º – Considera-se empregado toda pessoa física que prestar serviços de natureza não eventual a empregador, sob a dependência deste e mediante salário. A propósito desse artigo, assevera Cláudia Salles Vilela Vianna que o reconhecimento do vínculo empregatício independe da existência de um contrato de trabalho. Depende dos requisitos previstos no referido artigo 3º da CLT, quais sejam: pessoalidade, habitualidade, subordinação hierárquica e remuneração, p. 139–140.

[111] Há divergências doutrinárias em relação à **prescrição** dos direitos trabalhistas e previdenciários da criança trabalhadora. Alguns entendem que os direitos trabalhistas são imprescritíveis, outros entendem que a prescrição inicia-se a partir dos dezoito anos, ou seja, quando se dá a maioridade laboral (grifo nosso). A jurisprudência majoritária é no sentido de que a prescrição inicia-se na data em que o trabalhador completar dezoito anos. **Menor – Prescrição**. O prazo prescricional não flui contra o trabalhador menor até que este complete 18 anos de idade (CLT, art. 440). Mas, ao implementar a idade, o prazo passa a ser contado. "De forma que ao completar vinte anos poderão estar prejudicados os eventuais direitos decorrentes de lesões ocorridas durante a menoridade trabalhista." (TRT da 9ª Reg. (Paraná), 2ª T., RO 2.444/87, DJPR de 20.1.1988, Rel. Juiz Tobias de Macedo Filho).

[112] "**Boa-fé objetiva. Conteúdo**. A boa-fé objetiva impõe ao contratante um padrão de conduta, de modo que deve agir como um ser humano reto, vale dizer com probidade, honestidade e lealdade. Assim, reputa-se celebrado o contrato com todos esses atributos que decorrem da boa-fé objetiva", Nelson Nery Junior e Rosa Maria de Andrade Nery, **Código Civil Comentado e legislação extravagante**, p. 381.

[113] Américo Plá Rodriguez, **Princípios de Direito do Trabalho**, p. 265.

As verbas devidas ao empregado que não atingiu a idade laboral são as mesmas devidas a qualquer trabalhador maior de 16 anos (salários, 13º salário, férias e outras). Em princípio, seriam cabíveis as reparações previstas no Direito Civil, mas em virtude da difícil fixação do *quantum* indenizatório, as verbas são estabelecidas de acordo com a legislação trabalhista.[114]

É também quase pacífico o entendimento jurisprudencial, inclusive do Supremo Tribunal Federal,[115] de que a nulidade decorrente de contrato celebrado com pessoa que ainda não alcançou a idade mínima prevista no texto constitucional garante ao contratado (criança ou adolescente) os direitos trabalhistas e previdenciários assegurados aos demais trabalhadores.

E não poderia ser diferente. Uma vez que o jovem trabalhador despendeu seu tempo e sua energia física e mental, o que jamais lhe será devolvido, não seria justo o empregador pretender a nulidade do ajuste, alegando a proibição constitucional, a fim de se isentar do pagamento das verbas devidas àquele que prestou o serviço e, com isso, beneficiar-se da própria torpeza.

Como se disse, a Constituição Federal proíbe expressamente o trabalho realizado por pessoa menor de 16 anos, exceto na condição de aprendiz. A hipótese versa sobre o trabalho proibido, e não sobre o trabalho ilícito, o que quer dizer que não há vedação da *eficácia da relação jurídica* em razão da incapacidade de um dos sujeitos, mas nulidade do contrato.

Embora nulo, o ajuste gera efeitos, sendo devidos ao empregado os salários e demais benefícios previstos em lei. O mesmo não ocorre quando o *objeto* do contrato é ilícito. Aqui não há reconhecimento da relação labo-

---

[114] Amauri Mascaro Nascimento, *op. cit.*, p. 249.

[115] "O Estado, como responsável pela fiscalização da fiel observância dos preceitos legais tendentes à proteção da criança, não pode invocar a sua própria omissão para considerar nulo trabalho comprovadamente prestado por menor de 12 anos, negando-lhe o tempo de serviço para efeito de aposentadoria. Inteligência do art. 227, parágrafo 3º, da Constituição Federal. Precedente analógico do Excelso STF sobre a matéria" (**Recurso extraordinário** n.º 104.654-86/SP, 2ª Turma, rel. Min. Francisco Resek). "O reconhecimento da nulidade da relação de emprego, pelo desrespeito da norma constitucional que proíbe o trabalho dos que não alcançaram 16 anos de idade, não é empecilho para o reconhecimento do vínculo, para o registro em CTPS e para o cumprimento, pelo empregador, de todas as obrigações trabalhistas e previdenciárias pertinentes. Deve ser diferenciado, sempre, o trabalho ilícito do trabalho proibido, jamais perdendo de vista quem o constituinte visou proteger. Não pode o empregador alegar a violação da Constituição em seu próprio benefício, e em prejuízo do trabalhador incapaz" (**TRT 15ª R**- Proc.38854/00-Ac.12266/01-2ªT-Relatora Juíza Mariane Khayat-DOESP 02.04.2001- p. 59).

ral, já que a prestação do serviço tem a natureza de crime ou contravenção penal, como é o caso do tráfico de drogas ou jogo do bicho.[116]

Se o objeto do contrato é ilícito, há violação da lei e da ordem pública, de modo que o ajuste não produz nenhum efeito, não havendo qualquer retribuição pelos serviços prestados. Entretanto, em se tratando de *trabalho lícito*, ainda que o empregador explore *atividade ilícita*, há o reconhecimento da relação de emprego, bem como de todos os direitos trabalhistas e previdenciários.

Exemplificando: uma menina de 12 anos que presta serviços de arrumadeira em casa de prostituição, porém não participa das atividades ilícitas, terá direito aos benefícios previstos na legislação trabalhista, sem prejuízo da responsabilidade criminal do empregador. Um menino de 11 anos que presta serviços de limpeza em cassino, mas não participa dos jogos de fortuna ou azar, fará jus a todas as verbas trabalhistas e previdenciárias, sem prejuízo da responsabilização do empregador, que se utilizou da mão de obra infantil.

Por fim, cabe ressaltar que a lei não exige a formalidade do contrato escrito para o reconhecimento da relação laboral, bastando a comprovação dos requisitos do artigo 3º da Consolidação das Leis do Trabalho, quais sejam: pessoalidade, natureza não eventual do serviço, remuneração e subordinação ao empregador.

5.2 Sanções aplicáveis ao empregador

Sabe-se que a utilização da força de trabalho da criança nada mais é do que a própria exploração do trabalho infantil, pelo que está obrigado o empregador ao pagamento das verbas trabalhistas, anotações na CTPS, sem prejuízo das sanções administrativa e penal, além da indenização civil, nas hipóteses de acidente de trabalho.

A sanção administrativa corresponde às multas aplicadas pelos órgãos do Ministério do Trabalho e Emprego por afronta à legislação trabalhista,

---

[116] O objeto é ilícito, mas há julgados que reconhecem o vínculo empregatício. "EMENTA: JOGO DO BICHO. – VÍNCULO DE EMPREGO- RECONHECIMENTO- Apesar de ser contravenção penal a atividade desempenhada pela reclamada- jogo do bicho- não se pode reputá-la como ilícita por não sofrer repressão do poder público. Daí reconhecer-se preenchidos os pressupostos da existência do contrato de trabalho no caso em tela. Destarte, patente o liame empregatício, é de se determinar o retorno à instância superior para apreciação das demais questões meritórias" (RO 01272/1997- Decisão do TRT da 21ª Região. Publicado no DOE/RN 9.354 em 01.10.98).

sendo que a inspeção do trabalho tem caráter meramente preventivo, já as multas, caráter inibitório. Nos casos específicos de exploração de mão de obra infantil, a fiscalização, a autuação e a aplicação de multas compete aos Grupos Especiais Móveis de Fiscalização de Combate ao Trabalho Infantil.

A exploração do trabalho infantil tipifica o crime de maus-tratos, ficando o empregador sujeito às sanções do artigo 136 do Código Penal, cuja pena é aumentada se a criança é menor de 14 anos.[117] Isso porque a criança que labuta está sob a autoridade do empregador e o trabalho realizado por infantes é sempre excessivo, em razão da fragilidade e da vulnerabilidade destes.

Nessa mesma esteira pode-se citar o artigo 132[118] do aludido Código, pois é indubitável que o trabalho coloca em risco a vida e a saúde da criança, agravando-se a situação nos casos de infortúnios decorrentes de atividades laborais. Aliás, instituiu-se o referido artigo especialmente para a proteção dos trabalhadores, vítimas dos acidentes de trabalho provocados pela falta de higiene e segurança no ambiente de serviço.

Sobre o artigo em pauta é oportuna a explicação de Celso Delmanto, Roberto Delmanto e Roberto Delmanto Junior:

> Como explica a exposição de motivos do CP, esta infração visa à proteção da identidade de qualquer pessoa. Todavia, foi ela instituída tendo em conta, principalmente, os **acidentes do trabalho** sofridos por operários em razão do descaso na tomada de medidas de prevenção por parte dos patrões. Entretanto, este importante aspecto do art. 132 do CP tem sido quase esquecido. Parece-nos, por exemplo, que ele seria de grande valia na repressão ao transporte de "bóias-frias"

---

[117] Art. 136 – Expor a perigo a vida ou a saúde de pessoa sob sua autoridade, guarda ou vigilância, para fim de educação, ensino, tratamento ou custódia, quer privando-a de alimentação ou cuidados indispensáveis, quer sujeitando-a a trabalho excessivo ou inadequado, quer abusando de meios de correção ou disciplina:
Pena – detenção, de dois meses a um ano, ou multa.
§ 1º – Se do fato resulta lesão corporal de natureza grave:
Pena – reclusão, de um a quatro anos.
§ 2º – Se resulta a morte:
Pena – reclusão, de quatro a doze anos.
§ 3º – Aumenta-se a pena de um terço, se o crime é praticado contra pessoa menor de catorze anos. (Cumpre salientar que o § 3º do art. 136 do CP foi acrescentado pelo art. 263 da Lei n. 8.069/90).
[118] Art. 132 – Expor a vida ou saúde de outrem a perigo direto eminente:
Pena – detenção, de três meses a um ano, se o fato não constitui crime mais grave.

em caminhões desprovidos de segurança, matando e ferindo centenas deles todos os anos (grifo dos autores).[119]

Existem, ainda, as indenizações civil e acidentária. A primeira é devida diretamente pelo empregador, quando incorrer em dolo ou culpa, uma vez que cabe ao empregador tomar todas as precauções necessárias a fim de evitar infortúnios de trabalho. Já a indenização acidentária consiste no pagamento de um benefício previdenciário a título de seguro obrigatório pago pelo empregador, o chamado *auxílio-acidente*.[120]

O auxílio-acidente, também conhecido por indenização acidentária, não se confunde com a indenização civil, embora decorram do mesmo fato: o acidente de trabalho. A indenização acidentária é paga ao empregado se os danos causados pelo infortúnio ocasionarem a redução da capacidade laboral. Já a outra figura no campo da responsabilidade civil prevista no artigo 186 do Código Civil.[121]

Saliente-se que o inciso XXVIII do artigo 7º da Constituição Federal obriga o empregador ao pagamento do seguro contra acidentes de trabalho, assim como a indenização civil, se o acidente ocorrer por sua culpa ou dolo.[122]

5.3 Alvará judicial

Conforme dispõe o artigo 149, "caput" da Lei n.º 8.069/90, compete à autoridade judiciária expedir portarias e alvarás com a finalidade de disciplinar atividades e situações específicas, ou, ainda, autorizar a prática de certos atos. As determinações não podem ser genéricas, ao contrário, devem ser fundamentadas por expressa disposição do parágrafo 2º do citado artigo.

Note-se que as portarias não se confundem com os alvarás. Portarias visam disciplinar situações mais amplas, como determinar a adoção de providências, emitir ordens de serviço e até mesmo regulamentar as hipóteses

---

[119] **Código Penal Comentado**, p. 248. Alice Monteiro de Barros ensina que o ***boia-fria*** desempenha tarefas necessárias à consecução da atividade normal do empregador, não importando que não sejam executadas todos os dias da semana, reunindo, portanto, os requisitos previstos no artigo 3º da CLT. **Curso de Direito do Trabalho**, p. 39.
[120] Amauri Mascaro Nascimento, **Iniciação ao Direito do Trabalho**, p. 572. A Lei n.º 8.213/1991 (Lei da Previdência Social) disciplina os benefícios devidos em caso de acidente de trabalho.
[121] Art. 186 – Aquele que, por ação ou omissão voluntária, negligência ou imprudência, violar direito e causar dano a outrem, ainda que exclusivamente moral, comete ato ilícito.
[122] Art. 7º, inciso XXVIII da CF/1988: seguro contra acidentes de trabalho, a cargo do empregador, sem excluir a indenização a que está obrigado, quando incorrer em dolo ou culpa.

em que há necessidade de alvarás.[123] Os alvarás judiciais, por sua vez, têm caráter específico e visam autorizar a prática de determinados atos, como é o caso da participação de crianças em espetáculos circenses.

Resta saber sobre a possibilidade do alvará judicial com a finalidade específica de autorizar o trabalho do adolescente maior de 12 e menor de 16 anos, que não está na condição de aprendiz. Sabe-se bem que aquele que não completou 12 anos é criança e o trabalho realizado por criança é expressamente proibido pela legislação brasileira, com exceção do trabalho artístico, que adiante será comentado.

Quanto ao trabalho executado por adolescente, há duas correntes. Uma que entende ser impossível a concessão do alvará judicial, em razão da expressa proibição constitucional; outra que entende ser permitido ao juiz concedê-lo, se a precária situação econômica do adolescente assim exigir e desde que o trabalho a ser realizado não prejudique a sua formação[124], hipótese em que o alvará poderá ser cassado pelo Tribunal.[125]

Compartilhamos do entendimento de que, havendo vedação constitucional, cujo texto visa proteger por inteiro a criança e o adolescente, não deve ser concedido o alvará judicial sob o parco argumento de que o trabalho "substitui a ociosidade" e de que a norma está distante da realidade do país.

A interpretação de que a autorização judicial é necessária para que o pequeno trabalhador garanta a subsistência de sua família e afirmar o contrário seria retirar-lhe o meio de sustento, a nosso ver, encontra-se isolada, pois é notório que o trabalho executado por pessoa que ainda não alcançou a idade laboral acarreta danos irreversíveis, tais como fadiga física, mental, emocional e, em alguns casos, a morte prematura.

É certo que o juiz, ao interpretar a lei, pode abrandar seu rigorismo depois de examinar cada caso concreto. Tanto é assim, que em virtude das

---

[123] Válter Kenji Ishida cita o exemplo dos bailes de carnaval, nos quais há uma portaria disciplinando as condições gerais para sua realização, além da concessão de alvarás para situações específicas, como a utilização de um determinado estabelecimento para a realização do evento, **Estatuto da Criança e do Adolescente**: doutrina e jurisprudência, p. 259.

[124] Thales Tácito Pontes Luz de Pádua Cerqueira, **Estatuto da Criança e do Adolescente**: Teoria e Prática, p. 186.

[125] "**MENOR**- Autorização para trabalhar-Expedição de alvará para outorga de documento hábil para trabalhar –Inadmissibilidade- Menor impúbere- Vedação do art.. 7º, XXXIII, da Constituição da República e do art. 60 do Estatuto da Criança e do Adolescente - Autorização salvo na condição de aprendiz – Recurso não provido" (Rel. Lair Loureiro – Apelação Cível n.º 15.671-0-Itu- 29-12-92.).

diferentes interpretações, há divergência na jurisprudência sobre o trabalho infantil, inclusive oriunda do mesmo tribunal.[126]

Porém, a concessão de sucessivas autorizações judiciais, sob o argumento de que se estaria combatendo a ociosidade, que no futuro poderia se converter em criminalidade, e de que haveria um imenso benefício ao pequeno trabalhador e à sua família; importa na manutenção de um círculo vicioso de violência contra crianças e adolescentes pobres, sem falar nos ganhos obtidos pelo empregador, que se livra de eventual fiscalização, em virtude do alvará judicial.

De fato, a verdadeira prevenção da criminalidade, assim como a melhoria da qualidade de vida das famílias carentes, depende da implementação de políticas sociais básicas, como educação, saúde, prática de esportes e outras, e não de alvarás judiciais para que adolescentes menores de 16 anos possam trabalhar, comprometendo sua saúde física e psíquica.

A disposição contida no artigo 7º, inciso XXXIII é bastante clara e visa proteger a criança e o adolescente, de modo que qualquer interpretação contrária seria, no mínimo, uma afronta às normas básicas traçadas pelo legislador constituinte para o pleno exercício da cidadania.

5.3.1 Competência para a concessão de alvará e lides decorrentes da relação de trabalho

A competência para a concessão do alvará, instrumento por meio do qual se materializa a autorização é da Justiça Comum, ou seja, do Juízo da Infância e Juventude, por força dos artigos 405, § 2º e 406 da Consolidação das Leis do Trabalho.[127]

---

[126] **Trabalho em corte de cana-de-açúcar:** "Estatuto da Criança e do Adolescente – Trabalho em corte de cana-de-açúcar – autorização judicial – admissibilidade – necessidade de interpretação da norma constitucional de maneira conforme com a realidade, adequando-a aos fins a que se destina" (TJSP- AC 035.891-0-CE- Rel. Des. Alves Braga- J. 20.03.1997). **Em sentido contrário.** "Autorização para adolescente trabalhar na colheita de cana-de-açúcar -inadmissibilidade- trabalho perigoso, insalubre e penoso- Soma de tais fatores que prejudicam o progresso físico do adolescente" (TJSP - RT 733/89).

[127] "O trabalho de menor com idade entre quatorze e dezesseis anos é concebível, via de regra, apenas se realizado na condição de aprendiz, consoante art. 7º, XXXIII, da CF/88. Todavia, no caso de tratar-se de trabalho compatível com a saúde física, psíquica e social, que garanta a frequência à escola, não seja noturno, perigoso, penoso ou insalubre, que consagre a condição peculiar do menor e que se atenha à capacitação profissional do mercado de trabalho, é permitido, pois o artigo 227, da CF/88, assegura, com prioridade, o direito à profissionalização e o dever de manter o menor a salvo de qualquer negligência. Evidencia-se, por meio dos arts. 405 e 406, da CLT, e 146, do ECA, a competência da Justiça Comum e não da Especializada, para autorizar o trabalho de menor" (TJMG – n.º do processo: 000307879-7/00(1). Relator Lucas Sávio V.Gomes- **DOE- 30.05.03**)

Já a competência para as lides que envolvem as relações laborais e acidentes de trabalho, sendo uma das partes criança ou adolescente e a outra o empregador, é da Justiça do Trabalho, em virtude da Emenda Constitucional n.º 45/2004. A competência para o julgamento das demandas derivadas de infortúnios do trabalho, antes da Justiça Comum, passou a ser da Justiça do Trabalho.

O artigo 114, inciso VI da Constituição Federal, introduzido pela referida Emenda, atribui competência à Justiça do Trabalho para julgar as ações de indenização por dano moral ou material, desde que provenientes das relações onde figuram como partes o empregado e o empregador.[128]

Note-se que o dito artigo 114, inciso VI, menciona a expressão "relação de trabalho" e não "relação de emprego". Com efeito, a primeira não se confunde com a segunda, porque esta última tem natureza contratual (o que não implica contrato escrito), e para configurá-la, devem estar presentes os requisitos estabelecidos no artigo 3º da CLT.[129]

Finalmente, as lides atinentes à concessão de benefícios previdenciários decorrentes de acidentes de trabalho são de competência da Justiça Federal, em razão de ser uma das partes o Instituto Nacional de Seguridade Social (INSS), conforme dispõe o artigo 109, I, da CF/88.

O INSS tem ação regressiva contra o empregador, se houver culpa deste no infortúnio. Saliente-se que se trata de demanda referente aos valores pagos pelo Instituto, a qual se funda na relação jurídica entre a Autarquia e o segurado, o que não ocorre com a relação de emprego, que tem por base a relação entre empregado e empregador.[130]

---

[128] Antes do advento da EC n.º 45/2005, os danos derivados de acidente de trabalho eram da competência da Justiça Comum. Hoje essa questão já está pacificada na doutrina e jurisprudência. **Vide Súmulas 392 do TST e 22 do STF.**

[129] Alice Monteiro de Barros explica: "Existem relações de trabalho *lato sensu* que não se confundem com a relação de emprego, considerada relação de trabalho *stricto sensu*. São elas o trabalho autônomo, o eventual, o avulso, entre outros", p. 217.

[130] Helio Estelita Herkenhoff Filho, **Nova Competência da Justiça do Trabalho**, p. 53-55.

6

A DOUTRINA DA PROTEÇÃO INTEGRAL E A LEI 8.069/90

6.1 Evolução

Três foram as doutrinas que nortearam os direitos da criança e do adolescente: a Doutrina do Direito Penal do Menor, a Doutrina da Situação Irregular e, finalmente, a Doutrina da Proteção Integral advinda de instrumentos internacionais de proteção aos direitos humanos.

A primeira foi a "Doutrina do Direito Penal do Menor", consagrada nos Códigos Penais de 1830 e 1890. Preocupou-se especialmente com a delinquência juvenil e baseou-se na chamada "pesquisa do discernimento", que consistia em imputar a responsabilidade à criança ou ao adolescente, conforme sua capacidade de entendimento da infração praticada.[131]

Posteriormente, foi adotada a "Doutrina Jurídica da Situação Irregular", constante do Código de Menores, instituído pela Lei n.º 6.697/79, cujas regras afetavam apenas crianças em situações de patologia social, como abandono, carência ou desvio de comportamento.

De acordo com essa Lei, de caráter puramente assistencialista, a criança e o adolescente eram concebidos como meros objetos de intervenção jurídica, em razão do elevado grau da autoridade judiciária, que em nome do superior interesse daqueles, tomava decisões sobre seus destinos.[132]

Diante da necessidade de se conferir um tratamento diferenciado a todas as crianças, independentemente de sua condição pessoal, surgiu a *doutrina da proteção integral*, inspirada na Declaração Universal dos Direitos da Criança, aprovada pela Organização das Nações Unidas, no ano de 1959.

---

[131] **O Melhor Interesse da Criança**: um Debate Interdisciplinar, p. 11.
[132] Paulo Afonso Garrido de Paula, **Direito da Criança e do Adolescente e Tutela Jurisdicional Diferenciada**, p. 28-29.

Com efeito, o primeiro instrumento a reconhecer a criança como sendo sujeito de direitos[133] e a contemplar efetivamente a doutrina da proteção integral foi a Declaração Universal dos Direitos da Criança, plenamente acolhida pela Convenção sobre os Direitos da Criança, adotada pela Organização das Nações Unidas em 1989.

Seguiram-se à Declaração outros importantes instrumentos internacionais de proteção à criança, como o Pacto de San José da Costa Rica de 1969, Regras Mínimas das Nações Unidas para a Administração da Justiça Juvenil de 1985 (Regras de Beijing), Diretrizes das Nações Unidas para a Prevenção da Delinquência Juvenil (Diretrizes de Riad) e Regras Mínimas das Nações Unidas para proteção dos jovens Privados de Liberdade, ambas de 1990.

No âmbito nacional, a doutrina da proteção integral foi adotada pelos artigos 227 da Constituição Federal de 1988 e 4º da Lei n.º 8.069 de 13/7/1990.

A Lei n.º 8.069/90, mais conhecida como Estatuto da Criança e do Adolescente, emergiu de inúmeros debates, com decisiva participação da sociedade civil. Rompendo definitivamente com a doutrina anterior, instituiu a doutrina da proteção integral, que estabelece uma nova concepção normativa, segundo a qual crianças e adolescentes são titulares de direitos, passando a ser o centro de relações jurídicas.

A criança e o adolescente estão impedidos de conhecer plenamente seus direitos, tampouco de defendê-los, cabendo ao mundo adulto fazê-lo. Não é por outra razão que a doutrina da proteção integral elenca um conjunto de deveres atribuídos à família, à sociedade e ao Estado, a fim de lhes proporcionar todas as facilidades e oportunidades para o seu total desenvolvimento.

Na definição de Roberto João Elias: *"a proteção integral há de ser entendida como aquela que abranja todas as necessidades de um ser humano para o pleno desenvolvimento de sua personalidade"*.[134]

Note-se, pois, que proteger integralmente a criança é dar-lhe um tratamento diferenciado, possibilitando, pela legislação e também por outros

---

[133] Maria Helena Diniz explica: *"Sujeito de direito é aquele que é sujeito de um dever jurídico, de uma pretensão ou titularidade jurídica, que é o poder de fazer valer, através de uma ação, o não-cumprimento do dever jurídico, ou melhor, o poder de intervir na produção da decisão judicial"*, **Curso de Direito Civil Brasileiro**, p. 115–116.
[134] **Comentários ao Estatuto da Criança e do Adolescente**, p. 2.

meios, a satisfação de suas necessidades básicas para um crescimento sadio em todos os aspectos.

A leitura do artigo 3º [135] do Estatuto da Criança e do Adolescente deixa ver que, além dos direitos fundamentais assegurados a qualquer pessoa, como o direito à vida e à liberdade, a criança e o adolescente gozam da proteção integral, que se traduz na gama de direitos próprios das pessoas que não alcançaram maturidade física e psíquica.

Embora a proteção integral esteja garantida na Constituição Federal e no Estatuto da Criança e do Adolescente, daí o uso da expressão "assegurando-lhes por lei", a verdade é que a lei não esgota a efetivação desses direitos. É justamente por isso que o mencionado artigo utiliza a expressão "outros meios", referindo-se às políticas sociais básicas e ações concretas da sociedade.

Sérgio A. G. P. de Souza entende a doutrina da proteção integral como um sistema que se divide em duas vertentes, uma positiva e outra negativa.

Para a vertente positiva, a proteção integral é um sistema de *concessões* à criança, vista como sujeito de direitos e não como mero objeto de intervenção jurídica. Tais concessões advêm do mundo adulto e são necessárias à fruição dos direitos originários e fundamentais da criança.

Já a vertente negativa concebe a proteção integral como um sistema de *restrições* às condutas dos adultos que representem uma violação, direta ou não, aos direitos da criança. A violação direta é aquela visível, como é a exploração do trabalho infantil, a indireta seria qualquer abuso contra as concessões advindas da vertente positiva.[136]

A ideia de proteção integral é essencialmente jurídica, pois é a lei que impõe obrigações à família, à sociedade em geral e ao Poder Público. Tal proteção é um complexo normativo, segundo o qual as leis conferem à criança e ao adolescente, direitos *comuns* a qualquer ser humano, e *próprios* deles, criando instrumentos para a efetivação desses direitos, cuja finalidade é propiciar-lhes um desenvolvimento saudável e harmonioso. Trata-se de

---

[135] Art. 3º – A criança e o adolescente gozam de todos os direitos fundamentais inerentes à pessoa humana, sem prejuízo da proteção integral de que trata esta Lei, assegurando--se-lhes, por lei ou por outros meios, todas as oportunidades e facilidades, a fim de lhes facultar o desenvolvimento físico, mental, moral, espiritual e social, em condições de liberdade e dignidade.
[136] **Os Direitos da Criança e os Direitos Humanos**, p. 76. Em igual sentido: Gediel Claudino de Araújo Júnior, **Prática no Estatuto da Criança e do Adolescente**, p. 16.

proteção porque objetiva proporcionar condições para um crescimento saudável, e *integral* porque é devida ao ser humano em sua totalidade.[137]

A doutrina da proteção integral veio revolucionar a visão conservadora que durante anos perdurou na ordem jurídica do país, modificando conceitos e valores, colocando a criança no centro das relações jurídicas, de modo a valorizar ao máximo suas necessidades.

Nessa relação, de um lado está a criança e, de outro, a família, a comunidade, a sociedade e o Estado, cabendo a estes, conjuntamente, possibilitar àqueles todas as oportunidades para uma infância e uma adolescência tranquila e feliz, livre de medos, angústias e inseguranças.

6.2 A garantia de absoluta prioridade

A doutrina da proteção integral abarca o conceito de prioridade absoluta, preconizado nos artigos 227 da Constituição Federal e 4º da Lei n.º 8.069/90, que se reproduz *in verbis*:

> É dever da família, da comunidade, da sociedade em geral e do Poder Público assegurar, com absoluta prioridade, a efetivação dos direitos referentes à vida, à saúde, à alimentação, à educação, ao esporte, ao lazer, à profissionalização, à cultura, à dignidade, ao respeito, à liberdade e à convivência familiar e comunitária.
>
> Parágrafo único. A garantia de prioridade compreende:
>
> a) primazia de receber proteção e socorro em quaisquer circunstâncias;
>
> b) precedência de atendimento nos serviços públicos ou de relevância pública;
>
> c) preferência na formulação e na execução das políticas sociais públicas;
>
> d) destinação privilegiada de recursos públicos nas áreas relacionadas com a proteção à infância e à juventude.

O artigo supracitado cuida dos direitos básicos da criança e do adolescente, mencionando a garantia de prioridade como instrumento con-

---

[137] Paulo Afonso Garrido de Paula, *op. cit.*, p. 23–25.

cretizador da doutrina da proteção integral. Estabelece a obrigatoriedade da família, da comunidade, da sociedade em geral e do Poder Público de criar condições que, de fato, proporcionem à criança e ao adolescente a fruição desses direitos.

Os laços familiares decorrem da consanguinidade e, de acordo com estudos realizados, são fortíssimos. A família é o primeiro ambiente da criança, onde ela encontra — ou ao menos deveria encontrar — aconchego e segurança para sua inserção na vida social.

A comunidade é o grupo social maior de que ela faz parte, como a sala de aula, com os colegas e professores da escola que frequenta. Já a sociedade é composta pela família, comunidades, pessoas físicas e jurídicas. A participação do Poder Público é de suma importância, na medida em que a ele compete a implementação de políticas públicas para a efetivação dos direitos da criança e do adolescente.

Somente com a intensa participação de todos os segmentos é que esses jovens destinatários se tornarão cidadãos, não no sentido tradicional do conceito, ou seja, aqueles que estão no gozo dos direitos políticos, *mas na acepção de que qualquer pessoa é cidadão*, podendo usufruir dos direitos de que é titular.

As obrigações impostas a todos aqueles que a Lei n.º 8.069/90 coloca como responsáveis pelo desenvolvimento da criança e do adolescente foi a solução encontrada pelo legislador para evitar que algum dos quatro segmentos mencionados furte-se da responsabilidade que lhe foi imposta por lei.

Consoante a doutrina da proteção integral, compete aos adultos cuidar das crianças e dos adolescentes, a fim de que cresçam saudáveis e felizes para que no futuro sejam capazes de desenvolver ao máximo todas as suas potencialidades, o que só será possível com a cooperação de todos.

Pelo princípio da cooperação, o Estado e a sociedade em geral são igualmente responsáveis pela garantia dos direitos dos infantes. A cooperação consiste no dever de atuação imposto pela Constituição Federal, não só ao Estado, mas a todos aqueles que estão obrigados a proteger a criança, a fim de promover seu bem-estar e proporcionar seu pleno desenvolvimento.[138]

Aliás, é o que se depreende do artigo 4º da Lei n.º 8.069/90, uma conjugação de esforços dos setores envolvidos para a efetiva concretização dos direitos infantojuvenis.

---

[138] Gianpaolo Poggio Smanio, **Interesses Difusos e Coletivos**, p. 17.

O rol do artigo 4º não é exaustivo, estabelece situações básicas para a efetivação dos direitos ali previstos, uma vez que seria impossível ao legislador elencar todas as hipóteses compreendidas pela garantia de prioridade. Entretanto, vale tecer breves comentários sobre cada uma dessas situações.

A primeira exigência da lei, a primazia de receber proteção e socorro em quaisquer circunstâncias, consiste em priorizar crianças em situações emergenciais, como é o caso de um incêndio. Ressalte-se, porém, que essa exigência não é absoluta, uma vez que deve ser analisada conforme as circunstâncias.

Nesse sentido, é oportuna a afirmação de Dalmo de Abreu Dallari:

> Essa regra deve ser interpretada com bom senso, para que a garantia de precedência referida nesse dispositivo não se converta na afirmação de um privilégio absurdo e injustificável. Pode servir como exemplo a situação em que uma criança seja levada a um pronto-socorro, para ser tratada de um pequeno ferimento, lá chegando ao mesmo tempo em que chega um adulto em estado muito grave. Se houver apenas um médico no local, ninguém há de pretender que a criança receba a assistência em primeiro lugar.[139]

A segunda é a precedência de atendimento nos serviços públicos ou de relevância pública.

Numa definição elementar, os serviços públicos são aqueles prestados à coletividade, diretamente pelo Estado ou por seus delegados. Já os serviços de relevância pública vêm expressamente consignados no artigo 197 da Constituição Federal: são ações e serviços de saúde também prestados pelo próprio Poder Público, ou por delegação.

Em ambos os casos, as crianças deverão ser atendidas em primeiro lugar, em virtude da sua menor resistência física em relação aos adultos.

A terceira é a preferência na formulação e na execução de políticas públicas. Como explica José Reinaldo de Lima Lopes: "*As políticas públicas [...] envolvem a elaboração de leis programáticas, portanto de orçamentos, de despesas e receitas públicas*".[140]

Compete ao Poder Público, nos âmbitos federal, estadual e municipal, planejar e concretizar, prioritariamente, políticas públicas para a população infantojuvenil, a fim de fazer valer os direitos previstos no Estatuto da

---

[139] **Estatuto da Criança e do Adolescente Comentado**: comentários jurídicos e sociais, p. 42.
[140] Crise da reforma jurídica, *in*: **Direitos Humanos, Direitos Sociais e Justiça**, p. 134.

Criança e do Adolescente, proporcionando a essa mesma população uma melhor qualidade de vida.

As políticas públicas na área da infância e juventude abrangem as políticas sociais básicas, como educação, saúde e lazer; políticas de assistência social, como são os programas de auxílio financeiro à família; e políticas de proteção especial, como, por exemplo, o atendimento aos usuários de drogas.[141]

A quarta e última exigência prevista no artigo 4º obriga o Poder Público a privilegiar os recursos públicos nas áreas voltadas para a proteção da infância e da juventude. Sem orçamentos, sem recursos públicos, nenhuma política pública poderá ser implementada, devendo tal exigência ser rigorosamente observada desde a elaboração da Lei Orçamentária, sob pena de responsabilidade do ente público.

Ressalte-se que a condenação judicial do ente público pela não inclusão de verba orçamentária destinada ao atendimento de crianças e adolescentes, não implica ingerência do Judiciário na esfera de atuação do Executivo. Isso porque privilegiar os recursos orçamentários para as áreas relacionadas à infância e à adolescência é um dever legal e não um poder discricionário da Administração, já que a prioridade absoluta é ditada pela Lei n.º 8.069/90 e pela própria Constituição Federal.

Sobre a margem de discricionariedade do Administrador Público, ensina Celso Antonio Bandeira de Mello:

> A lei, todavia, em certos casos, regula dada situação em termos tais que não resta para o administrador margem alguma de liberdade, posto que a norma a ser implementada prefigura antecipadamente com rigor e objetividade absolutos os pressupostos requeridos para a prática do ato e o conteúdo que este obrigatoriamente deverá ter uma vez ocorrida a hipótese legalmente prevista.[142]

A implementação de políticas públicas depende de atuação do Estado, que deve ter por escopo garantir os direitos fundamentais da criança. Sendo um dever estabelecido pela Constituição Federal, a efetivação dessas políticas sai do campo da discricionariedade e passa a vincular os Poderes Públicos às obrigações relativas à criança e ao adolescente.

---

[141] Marcelo Pedroso Goulart, A convenção sobre a idade mínima e o Direito Brasileiro, *in*: **Trabalho Infantil e Direitos Humanos**, p. 103.
[142] **Curso de Direito Administrativo**, p. 810.

As exigências do artigo 4º da Lei n.º 8.069/90 decorrem da prioridade absoluta garantida aos infantes, consistindo num rol mínimo de atribuições conferidas àqueles que estão obrigados a cuidar da criança e do adolescente, já que estes não têm meios de fazê-lo por conta própria, dada sua natural fragilidade, hoje reconhecida pela Constituição Federal e pelo Estatuto da Criança e do Adolescente.

Finda-se este tópico com as palavras de Ana Maria Moreira Marchesan: *"Oprimir a eficácia do princípio da prioridade absoluta é condenar seus destinatários à marginalidade, à opressão, ao descaso. É fazer de um diploma que se pretende revolucionário, o Estatuto da Criança e do Adolescente, instrumento de acomodação"*.[143]

6.3 A condição peculiar da criança como pessoa em desenvolvimento

Uma das razões fundamentais para a adoção da doutrina da proteção integral no ordenamento jurídico brasileiro é ser a criança um indivíduo que se encontra numa específica condição de desenvolvimento. Nesse contexto, os artigos 227 da Constituição Federal e 6º da Lei n.º 8.069/90 são de importância ímpar, por consignarem expressamente em seus textos o respeito à condição peculiar da criança e do adolescente como pessoas em desenvolvimento. Com efeito, o que confere à criança e ao adolescente uma proteção especial é mesmo essa condição, em face da situação de maior vulnerabilidade em que se encontram.[144]

E por ser pessoa em desenvolvimento, a personalidade da criança está em formação, sendo mais vulnerável que o adulto e dotada de menor resistência física, fatores que limitam o pleno exercício de todas as suas potencialidades. Em virtude do menor grau de maturidade, as crianças estão impedidas de fazer valer seus próprios direitos, por isso a lei lhes outorga um tratamento mais abrangente.[145]

Goffredo Telles Junior salienta a importância da personalidade:

---

[143] **O Princípio da Prioridade Absoluta aos Direitos da Criança e do Adolescente e a Discricionariedade Administrativa**, p. 97.

[144] Para Antonio Carlos Gomes da Costa: "Serem consideradas pessoas em condição peculiar de desenvolvimento foi uma das principais conquistas", **O Estatuto da Criança e do Adolescente e o Trabalho Infantil**, p. 30.

[145] Martha de Toledo Machado, **A Proteção Constitucional de Crianças e Adolescentes e os Direitos Humanos**, p. 119.

> É o bem que lhe pertence **antes** *que outros bens lhe pertençam. É a primeira propriedade do homem, após os bens da vida e da integridade corporal. É o bem que lhe pertence como primordial utilidade, porque é o que, primeiro, lhe serve para que a pessoa seja como ela é, e para que continue sendo como ela é* (grifo do autor).[146]

Especificamente sobre a personalidade da criança, bem observa Rabindranath Valentino Aleixo Capelo de Souza, ilustre professor da Faculdade de Direito de Coimbra:

> No que toca à dinâmica evolutiva de cada homem, surge-nos desde logo o ser da criança e o do jovem de menor idade, enquanto personalidades com uma estrutura física e moral particularmente em formação e, por isso, portadoras de uma certa fragilidade e credoras de respeito e ajuda da família, da sociedade e do Estado.[147]

Como se vê, a criança é pessoa ainda em crescimento, mas tem uma personalidade própria e autônoma, que a acompanha durante toda a sua evolução, no seu processo físico, psíquico e até mesmo cultural, fazendo dela um ser humano único e inigualável.

Estímulos positivos e experiências felizes, em que se incluem afeto e atenção, contribuem de modo decisivo para a formação de uma personalidade segura e estável, facilitando as relações interpessoais da criança, o autorrespeito e a sua adaptação ao mundo exterior, desde a infância até a idade adulta.

Diante dessas considerações, conclui-se que a doutrina da proteção integral consiste em três pontos básicos: o reconhecimento da criança e do adolescente como sujeitos de direitos, a prioridade absoluta na efetivação dos seus direitos e a observância de sua peculiar condição de pessoa em desenvolvimento.

Esses três pontos têm sua raiz no princípio do "melhor interesse da criança", cuja origem está no instituto do *parens patriae* utilizado como uma prerrogativa do rei e da coroa inglesa, a fim de proteger pessoas que não podiam fazê-lo por si mesmas, grupo que incluía as crianças.[148]

O princípio do melhor interesse da criança vem preconizado tanto na Declaração Universal dos Direitos da Criança de 1959 como na Convenção

---

[146] **Iniciação na Ciência do Direito**, p. 298.
[147] **O Direito Geral de Personalidade**, p. 168.
[148] Tânia da Silva Pereira, **O melhor interesse da criança**: um debate interdisciplinar, p. 1.

sobre os Direitos da Criança de 1989,[149] ratificada pelo Brasil por meio do Decreto n.º 99.710/90, art. 3.1, que assim dispõe: *"todas as ações relativas às crianças, levadas a efeito por instituições públicas ou privadas de bem-estar social, tribunais, autoridades administrativas ou órgãos legislativos, devem considerar, primordialmente, o interesse maior da criança"*.

Tanto o texto da Declaração como o da Convenção utilizam um critério *qualitativo* — o melhor interesse da criança —, já o texto do referido Decreto adotou um critério *quantitativo* — o interesse maior da criança.

Tânia da Silva Pereira afirma com razão que, não obstante o critério quantitativo utilizado pelo Decreto 99.710/90, o sistema jurídico brasileiro incorporou o critério qualitativo, ou seja, o melhor interesse da criança.[150] Trata-se de um princípio implícito no artigo 227 da Constituição Federal e no Estatuto da Criança e do Adolescente, segundo o qual os interesses da criança antecedem e se sobrepõem a quaisquer outros.

O melhor interesse da criança é um princípio jurídico. É norteador da doutrina da proteção integral, explicitando valores, fornecendo diretrizes e até mesmo estabelecendo fundamentos para as normas de comportamento que compõem o ordenamento jurídico.

No dizer de Miguel Reale:

> **Princípios** são, pois, verdades ou juízos fundamentais, que servem de alicerce ou de garantia de certeza a um conjunto de juízos, ordenados em um sistema de conceitos relativos a dada porção da realidade. Às vezes também se denominam **princípios** certas proposições que, apesar de não serem evidentes ou resultantes de evidências, são assumidas como fundantes da validez de um sistema particular de conhecimentos, como seus **pressupostos** necessários (grifo do autor).[151]

Para Karl Larenz, princípios são: *"de grande relevância para o ordenamento jurídico, na medida em que estabelecem fundamentos normativos para a interpretação e aplicação do Direito, deles decorrendo, direta ou indiretamente, normas de comportamento"*.[152]

---

[149] O texto original em inglês declara: *In all actions concerning children, whether undertaken by public or private social welfare institutions, courts of law, administrative authorities or legislative bodies, the best interests of the child shall be a primary consideration.*
[150] *Op. cit.*, p. 6–15.
[151] **Filosofia do Direito**, p. 60.
[152] *Apud* Humberto Ávila, **Teoria dos Princípios**, p. 35.

Essa visão nos permite dizer que a aplicação dos princípios pode indicar quais os comportamentos a serem adotados, ainda que de modo abstrato. Embora não possuam o caráter descritivo das regras, os princípios são enunciados finalísticos,[153] uma vez que buscam fins ou a preservação de um estado de coisas que se quer promover, como é "o melhor interesse da criança". E para atingir essa finalidade acabam por indicar ao mundo adulto determinados comportamentos.

No que diz respeito ao trabalho infantil, o fim buscado pelo princípio supracitado é assegurar à criança o direito de não trabalhar, garantindo a ela um crescimento sadio e natural, além da educação básica, livrando-a de obrigações e sobrecargas que não fazem parte da infância.

Contudo, a despeito do princípio do melhor interesse da criança e da expressa proibição constitucional, a realidade do país demonstra que a exploração da mão de obra infantil, inclusive de crianças de pouca idade, é um canal largamente utilizado por pessoas que visam apenas ao próprio benefício, desprezando as vedações impostas pela legislação brasileira e, muitas vezes, submetendo meninos e meninas a um regime de quase escravidão.

Tendo em vista que o processo de desenvolvimento físico e psíquico não é igual para todas as pessoas e considerando o elevado número de crianças que labutam no país, o legislador se viu obrigado a fixar critérios etários para o trabalho. Com o advento da EC n.º 20, ficou claríssima a proibição de qualquer trabalho para menores de 16 anos, salvo na condição de aprendiz, e até mesmo da aprendizagem antes dos 14 anos.

Para nós, a expressa proibição estabelecida pela nova norma constitucional é o principal reflexo da proteção integral no tocante ao trabalho infantil. A redação original do inciso XXXIII do artigo 7º determinava a idade mínima de 14 anos para o trabalho, mas não fixava a idade para a aprendizagem, o que facilitava a exploração do trabalho infantil, sob a "máscara" da aprendizagem.

Ao estabelecer a idade laboral mínima, a lei procurou erradicar o trabalho infantil e proteger o trabalho do adolescente, garantindo à criança uma infância saudável e livre de esforços incompatíveis com sua pouca idade, e ao adolescente, o mínimo de maturidade para o labor.

O valor de uma infância feliz e saudável e os malefícios ocasionados pelas atividades laborais àquelas pessoas que ainda não estão aptas a realizá-las são tão evidentes, que restam superados quaisquer questionamentos

---

[153] *Ibid.*, p. 79.

sobre a real necessidade de uma proteção integral. A privação de vivências próprias da idade, como as brincadeiras ou histórias de contos de fadas, é uma das principais causas de graves problemas emocionais, que se iniciam na mais tenra idade e se estendem até a fase adulta.

Em virtude dessa imaturidade física e psíquica é que o ordenamento jurídico confere à criança e ao adolescente uma tutela diferenciada, que se traduz num mecanismo de defesa de direitos, não só aqueles assegurados a qualquer ser humano, mas também os específicos das pessoas que se encontram numa situação especial.

A tutela jurisdicional diferenciada advém da doutrina da proteção integral, na medida em que assegura às crianças e aos adolescentes um cuidado jurídico especial dada sua peculiar condição de pessoa em desenvolvimento. É justamente essa condição que os torna mais vulneráveis e frágeis que os adultos, o que os faz merecedores dessa proteção integral.

6.4 O direito ao não trabalho

Para os jovens com idade inferior a 14 anos existe o direito de não trabalhar. Trata-se de uma proibição constitucional referente ao exercício das atividades laborais, quando os titulares desse direito são crianças e adolescentes de pouca idade, em face das consequências negativas que o trabalho acarreta ao seu desenvolvimento físico, emocional e intelectual.

Conforme estudos de psiquiatria, uma pessoa está apta para qualquer atividade laboral por volta dos 18 anos, idade em que se presume finalizada sua estrutura física e psíquica. Tanto é assim, que essa é a idade adotada pelo artigo 1º da Convenção sobre os Direitos da Criança, segundo o qual criança é todo ser humano menor de 18 anos.

Com efeito, durante o processo de desenvolvimento, a criança requer atividades de lazer, esportes e educação, além de afeto, proteção e cuidados com a saúde e alimentação. A pequena capacidade de discernimento e o perigo de acidentes a que está sujeita a criança, somados com a disciplina e a exigência de produtividade que o trabalho impõe, comprometem sua saúde física e mental até a idade adulta, além de privá-la de sonhos e alegrias próprias da infância.

Quanto ao direito de não trabalhar, o pensamento de Oris de Oliveira:

> A idade mínima fixa um limite importante, porque a partir dela o adolescente, se quiser e não houver motivos razoá-

> veis em contrário, tem o direito de trabalhar. Antes da idade mínima o direito resguardado é o de não trabalhar. O não-trabalho não é ócio pernicioso, mas deve ser preenchido com a educação, com a frequência à escola, com o brinquedo, com o exercício do direito de ser criança. O fato generalizado, sobretudo no terceiro mundo, do trabalho antes da idade mínima revela apenas uma das faces de uma violência institucionalizada.[154]

A criança é um ser humano com atributos próprios da idade, os quais se modificam de acordo com as diversas fases da infância, conservando, porém, sua condição de pessoa em desenvolvimento até o momento em que alcança a idade adulta.

É exatamente em função dessa condição tão peculiar que o ordenamento jurídico confere à criança direitos específicos, decorrentes de interesses próprios da infância, cuja necessidade de efetivação é imediata, sob o risco de acarretar perdas de experiências únicas e significativas, como é o direito de brincar, previsto no artigo 16, inciso IV, do Estatuto da Criança e do Adolescente.

O direito de brincar é um interesse juridicamente protegido, em razão da importância conferida pela lei ao lúdico na infância, e que gradativamente vai sendo substituído por outros anseios,[155] inclusive pelo trabalho, na idade apropriada.

A proibição do trabalho infantil deriva do próprio direito de ser criança, o que torna imprescindível refletir sobre o valor do lúdico na infância. A palavra lúdico significa brincar. Jeffrey A. Miller, PhD em psicologia infantil, faz uma profunda abordagem sobre a influência das brincadeiras no universo da criança.

Segundo o autor, as brincadeiras passam a ser uma forma de expressão, porque brincar para a criança equivale a falar para um adulto. Raramente as crianças discutem seus sentimentos, mas podem perfeitamente manifestá-los por meio das brincadeiras, que é um recurso natural e agradável para elas.[156]

A criança não é atraída para brincar por estímulos externos, mas por impulsos oriundos da própria natureza infantil. É justamente essa natureza que a faz buscar no meio exterior atividades lúdicas que lhe permitam satisfazer a necessidade imposta pelo seu rápido e intenso processo de desenvolvimento físico e psíquico.

---

[154] **O Estatuto da Criança e do Adolescente Comentado**: comentários jurídicos e sociais, p. 182-183.
[155] Paulo Afonso Garrido de Paula, **Direito da Criança e do Adolescente e Tutela Jurisdicional Diferenciada**, p. 38-39.
[156] **O Livro de Referência para a Depressão Infantil**, p. 130.

A imaginação, a atração pelo lúdico e a irreverência são características naturais da infância e, quando estimuladas, contribuem para o crescimento saudável e harmonioso da criança. Sabe-se bem que a supressão dessas características ocasiona um envelhecimento precoce do ser humano, danificando seu desenvolvimento normal e provocando um desequilíbrio emocional ao longo da vida.[157]

A pressão imposta pelo trabalho durante a infância é extremamente negativa para a criança. O trabalho, quando substitui as brincadeiras, sufoca a criatividade, a espontaneidade e até mesmo a comunicação. Dada a rigidez imposta pelo trabalho, a criança fica compelida a silenciar seus desejos, bloqueando sua natureza infantil e prejudicando a própria identidade. A criança trabalhadora é submetida a regras, passando a se reconhecer como um trabalhador e, o que é pior, como um adulto. Nesse contexto, a infância é anulada e o direito de ser criança, violado.

É certo que o trabalho infantil vem sendo combatido, mas ainda é essa a realidade do país. A criança compelida a enfrentar desafios que estão além das suas habilidades, como é o caso das atividades laborais, passa a ser um adulto em miniatura, além de experimentar a triste sensação de "ter crescido rápido demais".

Outro aspecto importante da psicologia infantil é a fantasia. A criança tem o direito de vivenciar suas fantasias e brincar com sua imaginação, ao invés de atender prontamente às exigências laborais dos adultos. O trabalho não permite o exercício da criatividade, fazendo com que a fantasia desapareça aos poucos da vida da criança trabalhadora, sendo substituída pela monotonia e repetição mecânica. Privá-la de sonhar é também privá-la de se realizar como pessoa.[158]

Sobre o direito de sonhar, as palavras de Dalmo de Abreu Dallari:

> A criança criadora de mundos pode superar as limitações impostas por sua pobreza, pela falta de atenções, pelas deficiências de sua educação escolar e mesmo pelo excesso de inutilidades despejadas sobre sua cabeça com o pretexto de educar. Nos mundos de seus sonhos a criança descobre e cria novas harmonias, inventa seus próprios caminhos e assim apura a sensibilidade e desenvolve a inteligência. E

---

[157] Santa Marli Pires dos Santos afirma que: "O brinquedo e a fantasia são fatores decisivos para o desenvolvimento da criança, pois estimulam a imaginação, a confiança, auto-estima e a cooperação, completando suas necessidades e motivando-a na busca da satisfação de seus desejos", in: **Brinquedoteca**: a criança, o adulto e o lúdico, p. 158–159.
[158] André Viana Custódio e Josiane Rose Petry Veronese, *op. cit.*, p. 111.

desse modo ela caminha para sua realização como pessoa, ao mesmo tempo em que se vai preparando para dar contribuições à humanidade.[159]

O trabalho não faz parte do universo infantil, brincar e fantasiar sim. Brincando, a criança despende suas energias, interage com outras crianças e aprende sobre o mundo em que vive. É na brincadeira e na fantasia que a criança reage a diferentes emoções, vivenciando seus próprios sentimentos e estabelecendo relações sociais.[160]

É por meio das atividades lúdicas que a criança constrói sua linguagem, descobrindo-se como um ser único e individualizado e, consequentemente, tornando-se espontânea e criativa. Tal é a importância do lúdico para a infância que o direito de brincar e se divertir está expressamente previsto no artigo 16, inciso IV, do Estatuto da Criança e do Adolescente.

Em virtude da condição peculiar de pessoa em desenvolvimento e por ser o lúdico a essência da infância, *o brincar vem erigido à categoria de um direito específico da criança*, cabendo à sociedade em geral proporcionar os meios necessários para que ela possa usufruir desse direito.

Ocorre que alguns adultos substituem o direito de brincar pela obrigação de labutar, sejam os familiares para o seu sustento, seja o empregador para enriquecer, sendo que este último explora a mão de obra infantil, por vezes, em troca de uma simples refeição.

O direito ao não trabalho da pessoa menor de 14 anos relaciona-se com a necessidade da criança e do adolescente de se qualificarem para o futuro. Em virtude de sua delicada estrutura física, o cansaço decorrente do trabalho subtrai por completo a energia da criança, fazendo-a, quase sempre, desistir da escola. O trabalho também se revela nocivo ao adolescente, pois afeta seu rendimento escolar, limitando o tempo e a vitalidade para as tarefas exigidas pela escola, leituras complementares e prática de exercícios físicos.[161]

---

[159] **O Direito da Criança ao Respeito**, p. 63.
[160] Afirma Philippe Áries: "Na sociedade antiga, o trabalho não ocupava tanto tempo do dia, nem tinha tanta importância na opinião comum: não tinha o valor existencial que lhe atribuímos há pouco mais de um século. Mal podemos dizer que tivesse o mesmo sentido. Por outro lado, os jogos e os divertimentos estendiam-se muito além dos momentos furtivos que lhes dedicamos: formavam um dos principais meios de que dispunha uma sociedade para estreitar seus laços coletivos para se sentir unida", **História Social da Criança e da Família**, p. 94.
[161] Martha de Toledo Machado, **A proteção Constitucional de Crianças e Adolescentes e os Direitos Humanos**, p. 177.

As atividades laborais somadas às escolares sobrecarregam a criança, debilitando seu organismo. Também prejudicam o adolescente, na medida em que restringem suas perspectivas profissionais na vida adulta, colocando-o em visível desvantagem na competição imposta pelo mercado laboral.

O ingresso prematuro da criança no mercado de trabalho não só a impede de brincar, mas de frequentar a escola, estudar em casa e até mesmo de repousar as horas necessárias durante a noite, prejudicando de tal forma sua saúde física e mental, a ponto de lhe retirar todas as oportunidades de se qualificar adequadamente, para, no futuro, profissionalizar-se.

A subordinação ao empregador, a força muscular exigida, a repetição das atividades, a impossibilidade de quebrar regras e tantas outras exigências que o trabalho impõe fazem com que a criança ingresse precocemente no universo adulto, resultando no abandono da escolarização e na perda irreparável da infância.

Com a substituição da mão de obra humana pela automação nos diversos setores produtivos, as imposições do mercado de trabalho atual não estão limitadas apenas aos conhecimentos adquiridos no ensino fundamental, mas ao ensino médio ou cursos técnicos, sendo estes últimos quase um pré-requisito até mesmo para as atividades laborais mais simples.

Cada vez mais, exige-se qualificação para o exercício de qualquer profissão, o que só se alcança com formação escolar adequada. Diante dessa realidade, explorar o trabalho da criança é condená-la na idade adulta ao desemprego ou subemprego, além de constituir grave violação a um direito fundamental expressamente garantido pela Constituição Federal, o direito ao não trabalho.

ALGUMAS MODALIDADES DO TRABALHO INFANTIL

7.1 Trabalho rural

Para que se caracterize o trabalho infantil rural é mister que os serviços sejam prestados a um empregador, pessoa física ou jurídica, que explore atividade agrícola ou pecuária em estabelecimento rural.[162]

As atividades rurais são as que mais se utilizam do trabalho infantil. Isso porque os adultos que labutam nas zonas rurais recebem sua remuneração conforme sua produção, e com o intuito de otimizar a produtividade, único modo de aumentar sua ínfima renda mensal, acabam por envolver no trabalho não só o cônjuge, mas também os filhos, muitas vezes pequenos.[163]

É que o empregador, geralmente o proprietário da terra, estabelece tarefas quase impossíveis de serem cumpridas durante uma jornada normal de trabalho. Assim, o empregado acaba se submetendo a jornadas muito pesadas, que, muitas vezes, ultrapassam sua capacidade de resistência.

Diante da impossibilidade de alcançar as cotas exigidas pelo empregador, o trabalhador rural se vê obrigado a incluir seus familiares nas atividades agrícolas, cujo trabalho não é remunerado, não obstante a energia despendida.

Se não bastasse a utilização da mão de obra infantil, fato que por si só causa repulsa, vale lembrar, ainda, que os reais contratados para a execução das atividades são os pais das crianças, o que impede estas últimas de gozar de quaisquer benefícios, trabalhistas ou previdenciários.

Explica Oris de Oliveira:

> Ocorre, nessa hipótese, concretamente, o que a doutrina denomina de "contrato de equipe", porque um conjunto de pessoas se organiza para realizar um trabalho comum. É cir-

---
[162] Oris de Oliveira, **O Trabalho da Criança e do Adolescente**, p. 104.
[163] Erotilde Ribeiro dos Santos Minharro, **A Criança e o Adolescente no Direito do Trabalho**, p. 90.

cunstância irrelevante que esses trabalhadores tenham entre si um vínculo de parentesco ou familiar. O contrato de equipe é, na verdade, um "feixe" de contratos individuais: todos e cada um dos componentes do grupo são empregados com todos os direitos e deveres inerentes a essa relação jurídica.[164]

Tais contratos tornam-se vantajosos ao proprietário da terra, uma vez que vários empregados, inclusive as crianças, realizam um trabalho comum, sendo que estas labutam tanto quanto os adultos, mas ficam privadas de quaisquer direitos e cuidados específicos, enquanto o empregador se beneficia do seu trabalho.

A situação se agrava quando a exploração da mão de obra infantil toma os contornos do trabalho escravo,[165] que se torna ostensivo quando há o deslocamento de inúmeras famílias para distantes zonas rurais, das quais dificilmente retornarão às suas localidades de origem.

Nas palavras de Amartya Sem: *"O sistema do trabalho infantil — suficientemente perverso por si mesmo — torna-se muito mais bestial dada a sua aproximação com a adscrição de trabalhadores e a escravidão efetiva"*.[166]

Sabe-se que nas áreas rurais a fiscalização é precária e os trabalhos realizados pelas crianças são bastante pesados, como o corte de cana-de-açúcar, colheita de cítricos, fumo e cultura do chá.[167]

Além disso, nessas regiões, as possibilidades educacionais são mínimas, uma vez que há menos escolas do que nas zonas urbanas. Além disso, o trabalho e a escola revelam-se incompatíveis, ante a impossibilidade de se separar o ano letivo do agrícola. Assim, nos períodos de safra, as crianças da zona rural são forçadas a trabalhar ainda mais, ficando obrigadas a abandonar os estudos, perdendo todas as perspectivas de um futuro melhor.

7.2 Trabalho doméstico

---

[164] *Op. cit.*, p. 105.
[165] Observa Maurício da Silva: "De certo modo, pode-se dizer que a exploração da força humana de trabalho infantil também se confunde com o trabalho escravo. Na Índia, por exemplo, ele assume os contornos de perversidade do trabalho escravo, cujas características são: *confinamento, endividamento forçado, maus tratos e impedimento de ir e vir*. No Brasil, o trabalho infantil tem como princípio gerador a pobreza e o desemprego, tendo simbolicamente similitudes com o trabalho escravo *stricto sensu*" (grifamos), **Trama Doce-Amarga**, p. 201.
[166] **Desenvolvimento como Liberdade**, p. 139.
[167] Iolanda Huzak e Jô Azevedo relatam que, na região do Vale do Ribeira, crianças limpam mato e espalham produtos tóxicos sem qualquer proteção, a fim de evitar pragas na vegetação, **Crianças de Fibra**, p. 43.

A Lei Complementar n.º 150 de 1º de junho de 2015, que trata do empregado doméstico, conceitua-o no artigo 1º como *"aquele que presta serviços de forma contínua, subordinada, onerosa e pessoal e de finalidade não lucrativa à pessoa ou à família, no âmbito residencial destas, por mais de dois dias por semana"*.

Para que se configure o trabalho doméstico, são necessários quatro requisitos: a) ser pessoa física; b) trabalhar no âmbito residencial; c) haver continuidade e subordinação; d) desenvolver o trabalho sem intuito de lucro para o empregador.

Como se vê, o trabalho doméstico só se caracteriza se os serviços forem prestados no âmbito residencial do empregador, sem que haja finalidade lucrativa por parte deste, sendo, portanto, irrelevante que as atividades desenvolvam-se em áreas rurais ou urbanas.

Com muita propriedade Simon Schwartzman explica esse fato:

> [...] o trabalho doméstico de meninas crianças e adolescentes tem duas origens distintas, ambas associadas a situações de pobreza. Por um lado, famílias da área rural mandam suas filhas para trabalhar como domésticas nas residências das cidades próximas; por outro, nas áreas metropolitanas, mulheres adultas que trabalham como domésticas transmitem a profissão para as filhas. Em ambas as situações, as filhas ficam sujeitas à boa ou má vontade das famílias para as quais trabalham para ir à escola, receber uma remuneração minimamente aceitável, e não serem submetidas a condições de trabalho inadequadas.[168]

O labor doméstico abrange ambos os sexos, mas as meninas são muito mais afetadas. Em áreas muito pobres do país, inúmeros pais doam ou, o que é pior, vendem suas filhas para parentes e conhecidos mais abastados, a fim de minimizar os dramáticos efeitos da pobreza extrema. Nesses casos, as meninas trabalham até a exaustão e os "bondosos" patrões raramente pagam alguma remuneração, pois o simples gesto de receber em sua residência a criança trabalhadora, alimentá-la e vesti-la, deve ser visto e reconhecido como um grande ato de generosidade.[169]

O trabalho doméstico, também chamado de trabalho oculto, é o trabalho de mais difícil aferição, porque é realizado no interior das residências, o que faz com que essas meninas fiquem à margem de quaisquer direitos trabalhistas ou previdenciários. Sem falar nos infortúnios de trabalho, que

---
[168] **Trabalho Infantil no Brasil**, p. 37.
[169] Erotilde Ribeiro dos Santos Minharro, *op. cit.*, p. 93.

frequentemente ocorrem no âmbito doméstico, causados por fogo, botijões de gás, ferro de engomar e outros.

Salvo eventuais denúncias, o trabalho doméstico não está sujeito à fiscalização, devido as dificuldades de acesso dos agentes fiscais no interior das residências, o que facilita o descumprimento das legislações, maus-tratos e abusos sexuais, sem falar nas longas horas de trabalho a que ficam submetidas as meninas trabalhadoras, muitas vezes sem qualquer descanso.

A soma de todas essas violações desencadeia nessas meninas uma profunda depressão, resultante da perda dos sonhos próprios da infância, bem como da situação de isolamento em que se encontram, uma vez que suas famílias, costumeiramente, vivem em municípios distantes.

O parágrafo único da referida Lei Complementar n.º 150/2015 *veda* a contratação de menor de 18 anos para o trabalho doméstico, em conformidade com o disposto na Convenção n.º 182 da Organização Internacional do Trabalho (OIT) e nos termos do Decreto n.º 6.481 de 12 de junho de 2008. Vale dizer, o labor doméstico é considerado uma das piores formas de trabalho infantil (Lista TIP).

Há quem diga que as atividades desenvolvidas pelos empregados domésticos não são perigosas, penosas ou insalubres, pelo que a proibição de jovens com idade entre 16 e 17 anos de exercerem atividades domésticas **é absurda,** pois não se trata de exploração de mão de obra infantojuvenil, sem falar nos altos índices de desemprego decorrentes dessa proibição.

A nosso ver, permitir atividades domésticas para pessoas que não completaram 18 anos seria favorecer a "contratação" de crianças menores de 13 anos para tais atividades, especialmente nas regiões mais carentes do país. Note-se que o intuito da lei é proteger a criança e o adolescente, a fim de evitar o esgotamento físico e garantir a frequência à escola até a maioridade.

A despeito dos argumentos contrários, a Lei n.º 150/2015 é clara ao impor a idade mínima de 18 anos para essa modalidade de trabalho, de modo que o labor doméstico executado por pessoa que ainda não atingiu essa idade é ilegal e o contrato de trabalho é nulo de pleno direito.

7.3 Trabalho em regime de economia familiar

O trabalho em regime familiar é a atividade laboral exercida, exclusivamente, por membros de uma mesma família e sob a direção de um deles, *não* se configurando a relação de emprego, conforme estabelece o artigo 402 da CLT.[170]

A principal característica dessa modalidade é a intensa força de trabalho dos membros do grupo familiar, inclusive dos filhos pequenos, pois a família está obrigada a prolongar sua jornada laboral para explorar a gleba de terra de que dispõe, da qual extrai sua sobrevivência. Há, portanto, uma relação direta entre a força de trabalho empregada e a produtividade da terra, onde a mão de obra infantil significa um ganho considerável nessa produção familiar.[171]

Não obstante o trabalho em regime de economia familiar se dê no âmbito doméstico e geralmente nas áreas rurais, a verdade é que não se confunde com o trabalho doméstico ou com o rural. O labor doméstico só se caracteriza se os serviços são prestados na residência de terceiros e sob a direção destes. O trabalho rural, por sua vez, é também exercido para terceiros, porém o empregado acaba por envolver seus familiares, a fim de aumentar a remuneração, sempre paga por produção, empreitada ou tarefa.

Embora não haja uma relação de emprego entre membros de uma mesma família, o Superior Tribunal de Justiça firmou posição sobre a impossibilidade de restrição dos direitos do jovem trabalhador no tocante à contagem de tempo de serviço para fins previdenciários.[172] Sobre o assunto

---

[170] Art. 402 – Considera-se menor para os efeitos desta Consolidação o trabalhador de quatorze até dezoito anos.
·Parágrafo único – O trabalho do menor reger-se-á pelas disposições do presente Capítulo, exceto no serviço em oficinas em que trabalhem exclusivamente pessoas da família do menor e esteja este sob a direção do pai, mãe ou tutor, observando, entretanto, o disposto nos arts. 404 e 405 e na Seção II.

[171] Maria Helena Rocha Antuniassi, **Trabalhador Infantil e Escolarização no Meio Rural**, p. 25.

[172] O pequeno trabalhador tem direitos previdenciários. É a posição do STJ. PREVIDENCIÁRIO-APOSENTADORIA POR TEMPO DE SERVIÇO- TRABALHADOR RURAL-MENOR DE 14 ANOS-ART. 7º, INC.XXXIII DA CONSTITUIÇÃO FEDERAL-TRABALHO REALIZADO EM REGIME DE ECONOMIA FAMILIAR-COMPROVAÇÃO ATRAVÉS DE DOCUMENTOS DO PAI DO AUTOR.
·A norma constitucional insculpida no artigo 7º, inciso XXXIII da Constituição Federal, tem caráter protecionista, visando coibir o trabalho infantil, não podendo servir, porém, de restrição aos direitos do trabalhador no que concerne à contagem de tempo de serviço para fins previdenciários. Tendo sido o trabalho realizado pelo menor de 14 anos, há que se reconhecer o período comprovado para fins de aposentadoria.
·No caso em exame, foi comprovada a propriedade rural em nome do pai do recorrente através de Certidão de Registro do imóvel rural contemporâneo ao período controverso (1930-fl. 19). É entendimento firmado neste Tribunal que as atividades desenvolvidas em regime de economia familiar, podem ser comprovadas através de documentos em nome do pai de família, que conta com a colaboração efetiva da esposa e filhos no trabalho rural. Recurso conhecido e provido. (Recurso Especial n.º 440.954-PR (2002/0074404-3) – **DJ 12.05.2003.**

é mister mencionar o pensamento de Grasiele Augusta Ferreira Nascimento: "*A exclusão do vínculo se justifica pela compreensão de que o exercício do pátrio-mátrio poder implica a responsabilidade primeira pelo zelo do sadio e pleno desenvolvimento da prole e pelo caráter de socialização que sempre existiu no trabalho em regime familiar [...]*".[173]

E assim é. Se o trabalho é executado com a finalidade única de educar e capacitar os filhos, sem implicar excessos, maus-tratos ou privações, além de garantir o repouso, o lazer e a frequência à escola, é inquestionável que o trabalho em regime de economia familiar conserva seu caráter educativo e de socialização.

Entretanto, somos da opinião que até mesmo essa modalidade de trabalho, ainda que tenha cunho educativo, deva ser exercida apenas pelos filhos adolescentes, não se estendendo às crianças menores de 14 anos, salvo se consistir em pequenas tarefas, apropriadas para cada idade e com caráter meramente pedagógico, como ajudar os pais a cuidar da horta ou do jardim.

Ocorre que, em virtude da pobreza que afeta inúmeras famílias brasileiras, tanto nas zonas urbanas como nas rurais, e diante da realidade de que desse trabalho depende a subsistência da família, é notório que crianças e adolescentes labutam exaustivamente, além de executarem atividades perigosas, penosas, insalubres e noturnas, proibidas a qualquer infante.[174]

Há um último aspecto que merece comentários. Essa modalidade de trabalho infantil, dadas as suas particularidades, não está sujeita à fiscalização, tornando-se um viés para o trabalho infantil. Assim, o Conselho Tutelar é um importante mecanismo de proteção à criança trabalhadora, conscientizando os pais e inserindo-os em programas de auxílio à família, se necessário for.

7.4 Trabalho artístico

A Constituição Federal é taxativa ao proibir qualquer trabalho à criança e ao adolescente menor de 14 anos. Contudo, o artigo 8º da Convenção n.º 138 da OIT, já ratificada pelo Brasil, permite exceções à proibição da idade mínima laboral, quando se trata de participação em representações

---

[173] **A Educação e o Trabalho do Adolescente**, p. 25.
[174] De acordo com Oris de Oliveira, consultor da OIT, o índice de analfabetismo é bastante alto entre os jovens que laboram em regime de economia familiar, *op. cit.*, p. 138.

artísticas, desde que as autorizações individuais limitem o número de horas do trabalho e prescrevam as condições em que este se dará.

Por outro lado, o inciso II do artigo 149[175] da Lei n.º 8.069/90 dispõe sobre a possibilidade de o Juiz da Infância e da Juventude conceder alvarás para a participação de crianças e adolescentes em apresentações artísticas, desde que observados os princípios preconizados no citado artigo, o qual, aliás, não estabeleceu qualquer limitação etária, deixando que o bom senso e o prudente arbítrio do juiz decidam sobre a eventual concessão de alvará para o trabalho infantil artístico.

Já o artigo 405, § 3º, letras "a" e "b" da CLT proíbe o trabalho de criança realizado em teatros, cinemas, boates, cassinos, cabarés, *dancings* e estabelecimentos análogos, bem como em empresas circenses, em funções de acrobata, saltimbanco, ginasta e outras semelhantes.

Por seu turno, o artigo 406[176] do mesmo diploma legal permite ao juiz autorizar a execução de tais trabalhos, desde que a representação artística tenha cunho educativo e não prejudique a formação moral da criança, bem como seja indispensável à sua própria subsistência ou de seus familiares.

A despeito dos artigos aqui comentados, bem como das disposições da Convenção n.º 138 da OIT, é importante observar que a Constituição Federal veda o trabalho da pessoa que ainda não alcançou a idade de 16 anos. Dispõe o artigo 7º, XXXIII da CF/1988, *in verbis: "proibição de trabalho noturno, perigoso ou insalubre a menores de 18 e de qualquer trabalho a menores de 16 anos, salvo na condição de aprendiz, a partir de 14 anos".*

Há quem entenda que o inciso II do artigo 149 do Estatuto da Criança e do Adolescente não foi recepcionado pela EC n.º 20/98. Por essa perspectiva, para a realização de trabalhos artísticos por pessoas menores de 16 anos, faz-se necessária outra modificação no texto da Constituição Federal. E a ratificação da Convenção n.º 138 não soluciona a questão, uma vez

---

[175] Art. 149 – Compete à autoridade judiciária disciplinar, através de portaria, ou autorizar, mediante alvará:
II – a participação de criança e adolescente em:
A) espetáculos públicos e seus ensaios;
B) certames de beleza.

[176] Art. 406 – O Juiz da Infância e da Juventude poderá autorizar ao menor o trabalho a que se referem as letras "a" e "b" do § 3º do art. 405:
I – desde que a representação tenha fim educativo ou a peça de que participe não possa ser prejudicial à sua formação moral;
II – desde que se certifique ser a ocupação do menor indispensável à própria subsistência ou à de seus pais, avós ou irmãos e não advir nenhum prejuízo à sua formação moral.

que a Convenção está no mesmo plano das leis ordinárias, não podendo se sobrepor à Constituição.[177]

O trabalho artístico é considerado por muitos, atividade em sentido estrito, não configurando uma relação de trabalho. A nosso ver, o trabalho artístico constitui uma efetiva relação de trabalho, eis que há uma relação jurídica entre o prestador (criança) e o tomador do serviço (pessoa física ou jurídica), mediante remuneração.

É certo que o trabalho infantil é expressamente vedado pelo referido artigo 7º, inciso XXXIII, da Constituição Federal. Todavia, a proibição tem o escopo de impedir a *exploração* da mão de obra infantil, bem como de preservar a integridade física e psíquica da criança e do adolescente, garantindo-lhes um crescimento saudável, a fim de que possam desenvolver ao máximo todas as suas potencialidades.

Nesse contexto, as atividades laborais proibidas são aquelas que prejudicam o lazer da criança, a frequência à escola ou que possam causar danos à vida ou à saúde. Para nós, não estão incluídas nesse rol as atividades artísticas, as quais sempre foram aceitas pela sociedade e cuja proibição modificaria práticas utilizadas durante décadas.

Todas as atividades artísticas exercidas para terceiros e que acarretem dispêndio de energia física ou psíquica da criança constituem relações de trabalho, seja uma participação esporádica, seja uma gravação que perdura por semanas ou até meses, como é o caso das novelas ou filmes de longa duração. Nesses casos, não se trata de uma simples relação de trabalho, configurando-se a relação de emprego, já que presente um requisito diferenciador: a habitualidade.

Inúmeras crianças têm talentos natos que precisam ser desenvolvidos. No entanto, no Brasil não há legislação específica sobre o trabalho infantil artístico como há nos EUA, no Estado da Califórnia[178], cabendo à autoridade judiciária decidir sobre a participação da criança em espetáculos artísticos, levando em conta sua capacidade de resistência, seu grau de maturidade e sua vontade de fazer ou não fazer parte desses espetáculos.

---

[177] Erotilde Ribeiro dos Santos Minharro, *op. cit.*, p. 64.
[178] Escreve Hans Gruspun: "O Estado da Califórnia passou a 'Lei do Artista Infantil'. A lei prevê que pelo menos 50% do que o pequeno artista ganha deve ser depositado numa poupança indicada por um juiz, até a criança alcançar 18 anos de idade. Essa lei ainda é considerada frágil porque ela só cobre contratos a longo prazo de filmes, ou longas séries na televisão e não intervalados", **O Trabalho das Crianças e dos Adolescentes**, p. 68.

Conclui-se, finalmente, que a intenção do legislador constituinte não foi coibir o trabalho artístico por si só, mas proibir todo e qualquer trabalho que prejudique a formação física, psíquica e moral da criança, tais como serviços domésticos, fábricas, lavouras, lixões, pedreiras, minas de carvão e tantos outros.

Nos trabalhos artísticos, a formação física, psíquica e moral da criança também deve ser preservada, tanto é assim que a Lei n.º 8.069/90 e a Consolidação das Leis do Trabalho estabelecem restrições para a realização dessas atividades. Todavia, dadas as particularidades do trabalho infantil artístico e diante da possibilidade de emergirem grandes talentos, a legislação abre exceções a essa modalidade de trabalho, deixando sob a responsabilidade da autoridade judiciária a análise de cada caso específico.

8

CAUSAS E CONSEQUÊNCIAS DO TRABALHO INFANTIL

8.1 Causas

Várias são as causas do trabalho infantil. A primeira delas é o nível socioeconômico das famílias: quanto mais reduzido, maior é a probabilidade de ingresso prematuro de seus filhos no mercado de trabalho.

O trabalho da criança passa a fazer parte do cotidiano da família, que depende quase que integralmente da sua remuneração, pois, não raras vezes, os rendimentos dos trabalhadores adultos de uma mesma família não dispensa a labuta dos filhos, muitas vezes ainda pequenos.

O nível socioeconômico da família está intimamente relacionado ao nível de escolaridade dos pais e ambas as causas influenciam diretamente no ingresso precoce dos filhos no mercado de trabalho. Quanto mais reduzida a escolaridade dos pais, menor é o grau de entendimento em relação às graves consequências do labor infantil e maior é a probabilidade de enviarem seus filhos pequenos para o trabalho informal.[179]

Um fator determinante que afeta a oferta da mão de obra infantil é o número de filhos. Há uma relação direta entre a fertilidade do casal e o trabalho infantil, na medida em que a quantidade de filhos é quase que decisiva para a renda *per capita* da família.[180] Assim, quanto mais numerosa a família, maior também é a probabilidade de os filhos ingressarem no mercado de trabalho precocemente. Por outro lado, ainda que a renda familiar

---

[179] André Viana Custódio e Josiane Rose Petry Veronese, **Trabalho Infantil**, p. 91–93.
[180] Amartya Sem afirma que o "efeito significativo do ponto de vista estatístico sobre a fecundidade são a alfabetização feminina e a participação das mulheres na força de trabalho". Cita o exemplo de Kerala: "O Estado indiano socialmente mais avançado — devido ao seu êxito específico na redução das taxas de fecundidade baseada na condição de agente das mulheres [...]". E prossegue: "O nível elevado de instrução feminina em Kerala tem sido particularmente influente como causa de uma acentuada redução na taxa de natalidade", *op. cit.*, p. 230–231.

seja ínfima, quanto menor o número de crianças, maiores são as chances de frequentarem a escola.[181]

Outro fator importante é o ingresso das mulheres no mercado laboral. Trabalhando fora, as mulheres ficam obrigadas a se ausentar de casa por longos períodos, fazendo com que seus filhos ingressem no mundo do trabalho prematuramente, a fim de que não utilizem drogas ou perambulem pelas ruas.[182]

O baixo custo da mão de obra infantil, a precária fiscalização e o irrisório valor da multa aplicada aos infratores facilitam a exploração do trabalho da criança. Em se tratando de mão de obra barata, ficam reduzidas as despesas do empregador, que acaba por aumentar seu patrimônio. Além dessas vantagens, há uma específica que muito favorece a exploração do trabalho infantil: a própria estrutura física da criança, mais adequada para certas atividades, como a colheita de frutas. Todos esses benefícios impelem o empregador a se utilizar mais e mais da mão de obra infantil, gerando um círculo vicioso e segregativo.

Entre as causas da exploração do trabalho infantil, destaca-se a impossibilidade de as crianças se organizarem em associações ou sindicatos, o que impede greves e manifestações. Trata-se de mão de obra dócil e submissa, sem nenhum poder de negociação ou reivindicação, o que faz com que as condições de trabalho sejam impostas unilateralmente pelo empregador.[183]

Ressalte-se que o trabalho infantil é marcado pela informalidade, cujo mercado carece de controle e fiscalização, facilitando sua exploração. O setor informal é quase sempre precário, pois os trabalhadores labutam isolados, têm poucas condições de organização e executam serviços fragmentados e diversificados.[184]

Por outro lado, durante décadas absorveu-se uma cultura que conferia ao trabalho um caráter moralizador, valorizando-o demasiadamente. A concepção de que o trabalho enobrece e dignifica o ser humano abarca também a equivocada ideia de que o ingresso prematuro no mercado laboral

---

[181] Ana Lucia Kassouf, **Aspectos sócio-econômicos do trabalho infantil no Brasil**, p. 23.

[182] Segundo pesquisa realizada pela CUT em 1993, a inserção de crianças no mercado laboral precoce é maior nas famílias chefiadas por mulheres, **A CUT contra o Trabalho Infantil no Brasil**, p. 12.

[183] André Viana Custódio e Josiane Rose Petry Veronese, *op. cit.*, p. 91.

[184] Maria do Carmo Romeiro, Uma experiência de planejamento metodológico para coleta de dados do setor informal na região do ABC Paulista, João Batista Pamplona (org.), *in*: **O Setor Informal**, p. 83.

previne a delinquência, fator que contribui para a exploração da mão de obra infantil.

Essa cultura do caráter moralizador do trabalho remete a uma outra causa significativa do labor infantil que é a desinformação dos próprios pais. Para muitos deles, a criança não só se capacita com o trabalho, como também se afasta da ociosidade e dos vícios. Infelizmente, essa mentalidade não lhes permite compreender as nocivas implicações do trabalho precoce, tampouco a importância de frequentar a escola. Ademais, as precárias instalações dos estabelecimentos de ensino no país, a constante ausência de professores, a falta de infraestrutura e de recursos financeiros acabam por retirar a criança da escola.[185]

Nos termos do artigo 53[186] do Estatuto da Criança e do Adolescente, a criança tem direito à escola pública, gratuita, de qualidade e próxima de sua residência. Uma das principais finalidades da escola é preparar a criança para o trabalho na idade apropriada.

O ensino fundamental é obrigatório e gratuito, tendo como objetivo a formação básica da pessoa para o ingresso no ensino médio, cuja finalidade é a qualificação para a formação superior, bem como para o labor. Sabe-se que o acesso ao ensino superior depende de um ensino médio adequado, e este, por sua vez, exige um ensino fundamental apropriado.

Embora a educação seja prioridade, na prática não há investimentos suficientes do Poder Público para um ensino público de qualidade, o que acarreta trágicas consequências, como o abandono dos estudos, o ingresso prematuro no mercado de trabalho e, o que é mais grave, no "mercado" do crime ou da prostituição.[187] É notório que o sistema educacional do país

---

[185] *Esto puede atribuirse en parte a ignorancia de los padres, que no sospechan los efectos nocivos del trabajo precoz, estiman que el niño está aprendiendo um oficio y a menudo no vem la utilidad de que asista a la escuela. Outra razón es la falta de escuelas y de una adecuada infraestructura de esparcimientos. Por ello, muchos padres suelen buscar una ocupación para sus hijos com objeto de alejardos del ocio y la vagancia.* Elias Mendelievich, **El Trabajo de Los Ninõs**, p. 468.

[186] Art. 53 – A criança e o adolescente têm direito à educação, visando o pleno desenvolvimento de sua pessoa, preparo para o exercício da cidadania e qualificação para o trabalho, assegurando-se-lhes:
·V – acesso à escola pública e gratuita próxima de uma residência.

[187] Amartya Sem explica que, ainda que sejam baixos os níveis de renda do país, a qualidade de vida pode ser melhorada, se houver investimentos públicos nos serviços de saúde e educação. Cita novamente o exemplo do Estado de Kerala, que atingiu impressionantes índices de alfabetização, expectativa de vida e redução de pobreza, apesar do baixo nível de renda per capita, *op. cit.*, p. 66.

é caótico e precisa ser reformulado.[188] A escola tem de ser atrativa, deve estimular a criança a estudar, relacionar-se com os professores, participar das atividades em grupo e praticar esportes.

Conforme estabelece o artigo 208, parágrafos 1º, 2º e 3º da Constituição Federal, o acesso ao ensino fundamental é direito público subjetivo e sua inobservância implica violação de um direito fundamental, ensejando a responsabilidade penal, civil e administrativa do administrador público.

Diante disso, conclui-se que outra causa do trabalho infantil é a dificuldade de a criança frequentar a escola. Se não bastassem os problemas acima apontados sobre o ensino no país, o acesso à escola pública, ainda que precária, é tarefa custosa para as famílias pobres, especialmente nas zonas rurais. Longas distâncias, despesas com vestimentas, transporte e material escolar impedem muitas crianças de frequentar uma instituição de ensino.

Sabe-se que o trabalho informal caracteriza-se pela inobservância total da legislação, como ausência de registro na CPTS e descumprimento das obrigações trabalhistas, previdenciárias e tributárias. Essas condições laborais e o mito de que o trabalho educa e auxilia na formação do caráter da criança, apenas legitimam condutas de empregadores inescrupulosos, para os quais o único interesse é a mão de obra barata, quase gratuita.

A carência de recursos financeiros, a falta de oportunidades e de acesso aos bens materiais, o anseio de satisfazer as necessidades básicas, a baixa escolaridade dos pais ou responsáveis, a precariedade do ensino público e o descaso das autoridades fazem com que a luta pela sobrevivência se torne árdua demais para milhares de famílias brasileiras, que encontram no labor infantil uma das poucas alternativas de vida.

8.2 Consequências

A criança se encontra numa peculiar condição de pessoa em desenvolvimento e o trabalho prematuro não só a priva de direitos básicos, como o direito à educação, à saúde ou ao lazer, mas traz consequências que comprometem o seu desenvolvimento físico e psíquico, a seguir comentadas.

Longas jornadas de labor, muitas vezes sem qualquer descanso, o carregamento de pesos e a privação de práticas esportivas prejudicam o

---

[188] "A escola: um pobre comércio de medos e ameaças, butique de bugigangas morais, botequim onde é servida uma ciência desnaturada, que intimida, confunde e entorpece, em vez de despertar, animar e alegrar", Janusz Korczak, **O Direito da Criança ao Respeito**, p. 97.

crescimento físico como um todo, afetando a formação óssea, os órgãos dos sentidos, especialmente a visão e a audição, além dos tecidos cutâneos quando expostos aos raios solares.

As poucas horas de sono e a execução de atividades repetitivas são responsáveis pelo cansaço mental. A fadiga física e mental causada pelo trabalho retarda a coordenação motora, o processo de aprendizado, a capacidade de memorização e diminui a resistência física, a ponto de reduzir a expectativa de vida.

Vítima da pobreza, a criança trabalhadora se sujeita a labutar em locais inadequados, com instalações precárias e sem ventilação; enfrenta grandes distâncias para chegar à localidade de trabalho, além de executar atividades pesadas e incompatíveis com sua compleição física.

Tudo isso acrescido de uma alimentação deficiente, cuja quantidade de sais minerais, proteínas e vitaminas ingeridas são insuficientes para o organismo humano, resultando em desnutrição, doenças pulmonares e parasitárias, anemia, dores de cabeça, problemas na coluna vertebral e tantos outros.

Em razão dos trabalhos precários que geralmente a criança realiza, a probabilidade de sofrer acidentes é maior do que a dos adultos. A inexperiência em operar máquinas, a menor capacidade de concentração, bem como força muscular e defesas naturais reduzidas propiciam a ocorrência de infortúnios de trabalho. Sem falar nas posturas físicas inadequadas, que aliadas à ausência de ferramentas de segurança aumentam o risco de acidentes de trabalho.

Outra consequência importante do trabalho infantil, que afeta não só a criança, mas toda a sociedade é o desemprego da mão de obra adulta. A inserção prematura de crianças no mercado de trabalho tem uma relação direta com os índices de desemprego. A criança realiza trabalhos que poderiam ser efetuados por adultos, mas por um custo bem menor, condição determinante para uma maior procura da mão de obra infantil.

Enfatize-se que o desemprego persegue gerações, porque o trabalho infantil acompanha gerações. Comumente, filhos de trabalhadores infantis tornam-se trabalhadores infantis, fazendo com que a exploração da mão de obra infantil e o desemprego da mão de obra adulta continuem por várias descendências, sem perspectiva de um futuro profissional melhor.[189]

Para Hain Gruspun, o desemprego decorrente do trabalho infantil se estende a vários países por conta da globalização:

> Os países onde a criança é explorada em seu trabalho se tornam concorrentes na globalização. A produção se torna barata para exportar e se torna concorrente com o trabalho em outros países, importadores, onde os preços pela globalização não podem competir com os preços da produção nacional. O trabalho infantil em um determinado país pode criar desemprego em outros países ou aviltar salários de mulheres e homens. Independente do desemprego causado pela tecnologia que absorve menor número de empregados, influindo no desemprego crescente, a exploração da mão-de-obra infantil se torna fator importante de desemprego dos adultos.[190]

A globalização não só agrava a situação do desemprego, hoje enfrentada por muitos países, como também aumenta o risco do trabalho informal nos países menos desenvolvidos, que certamente se utilizarão mais e mais do labor infantil.

Em princípio, globalização sugere integração, inclusão ou troca. Porém, essa mesma globalização acaba por excluir homens e mulheres, seja em razão do trabalho infantil, seja pelas novas tecnologias que multiplicaram a produtividade. O resultado é o mesmo: a crescente dispensa de mão de obra adulta gerando o desemprego em massa, que, por sua vez, gera a exclusão social.[191]

Há também as consequências advindas das atividades insalubres, perigosas e penosas. A despeito da proibição legal e constitucional, trabalhos dessa natureza ainda são realizados.

---

[189] Em sentido contrário, a opinião de José Henrique Carvalho Organista: "Sustentar que existe percepção de futuro junto àqueles que exercem atividades precárias não significa que negamos que o estatuto de precariedade, como descreveu Paugam (2000), gera um clima de aflição, desilusão e sentimento de impotência, mas desejo ressaltar que esses trabalhadores transferem para os seus descendentes a possibilidade de um futuro melhor", **O Debate sobre a Centralidade do Trabalho**, p. 35.
[190] **O Trabalho das Crianças e dos Adolescentes**, p. 33.
[191] Miriam Limoeiro Cardoso, Ideologia da globalização e descaminhos da ciência social, *in*: **Globalização excludente**: desigualdade, exclusão e democracia na nova ordem mundial, p. 114.

A criança trabalhadora costumeiramente labuta em carvoarias, pedreiras, minas, matadouros, lavouras de algodão, de cana-de-açúcar e depósitos de lixo. Os danos decorrentes de tais atividades são as intoxicações, lesões, queimaduras, cortes, fraturas, mutilações e até mesmo o óbito.[192]

Também é enorme o prejuízo do desenvolvimento psíquico da criança trabalhadora. As necessidades naturais da infância substituídas pelo labor provocam o desequilíbrio emocional na fase adulta. A rigidez da disciplina, o constante receio de ser repreendida pelo empregador, a privação do lúdico e do convívio com pessoas de igual idade desencadeiam um desequilíbrio psicológico na criança que dificilmente se resolverá na idade adulta.

É que a criança não possui maturidade para perceber as sequelas advindas do trabalho, aceitando as regras que lhe são impostas, situação que se repete na fase adulta, já que lhe foi retirada a oportunidade de se qualificar adequadamente, para que no futuro pudesse ingressar no mercado laboral, cada vez mais competitivo.

A pobreza, a desorganização da vida familiar, o afastamento do lar em função da jornada de trabalho e a repressão dos impulsos próprios da infância impactam negativamente no crescimento harmonioso e saudável da criança. O trabalho precoce afasta a criança da escola antes do tempo, limitando suas possibilidades futuras de realizar trabalhos qualificados, receber uma boa remuneração e alcançar certa posição social.[193]

Com efeito, o distanciamento da escola decorre da impossibilidade de a criança acompanhar as explicações dos professores em sala de aula e executar as tarefas escolares, em virtude do tempo e energia física e mental despendidos com o labor. Assim, o trabalho infantil tem relação direta com o abandono dos estudos, uma vez que a pobreza obriga meninos e meninas a labutarem para contribuir com o sustento da família. A evasão escolar é uma das mais penosas consequências do labor infantil, pois retira da criança um direito fundamental: o direito à educação.

---

[192] Eleanor Stange, **Trabalho Infantil**: História e Situação Atual, p. 56.
[193] *La miseria, la prosmicuidad, el hacinamiento y su frequente secuela: la desorganización de la vida familiar, así como el alejamiento del hogar durante las horas de trabajo, repercuten negativamente en el desarrollo armonioso de su personalidad. También actúan en este sentido la falta o insuficiencia de juegos y ejercicios físicos saludables, así como la represión de los impulsos característicos de la infancia y adolescencia. Por no asistir a la escuela o abandonarla antes de tiempo, así como por falta de verdadera capacidad profesional, los niños limitan sus posibilidades futuras de realizar tareas calificadas, obtener una buena remuneración y tener acceso a cierta promoción social.* Elias Mendelievich, *op. cit.*, p. 468.

Acrescentem-se a isso as constantes humilhações e maus-tratos sofridos no ambiente de trabalho, constrangimentos que dificultam a sociabilização da criança, tornando-a rebelde ou apática. Sentimentos de desvalorização e tristeza acompanham a formação da personalidade, causando distúrbios no intelecto, na fala e no desenvolvimento psicomotor, fazendo dela um adulto dependente e inseguro.[194]

São tantas as consequências sofridas pela criança trabalhadora, que respeitar sua personalidade ainda em formação, bem como lhe proporcionar todas as oportunidades e condições para que, no presente e no futuro, possa atingir o máximo das suas potencialidades, nada mais é do que lhe assegurar a efetivação dos seus direitos, existentes desde os primórdios da humanidade, mas agora constitucionalmente previstos e, portanto, obrigatórios e plenamente exigíveis, do Estado, da família e da sociedade em geral.

---

[194] Eleanor Stange Ferreira, *op. cit.*, p. 57.

9

MECANISMOS DE PREVENÇÃO E ERRADICAÇÃO DO TRABALHO INFANTIL

9.1 Introdução

O primeiro mecanismo de prevenção e erradicação do trabalho infantil é a lei. Sabe-se bem que leis nacionais e internacionais que versam sobre a proibição da exploração da mão de obra infantil são poderosas ferramentas para a eliminação do trabalho da criança.

No entanto, não obstante sua obrigatoriedade, a legislação proibitiva não é o bastante para se abolir o trabalho infantil, fazendo-se necessários outros mecanismos eficazes para a solução desse drama quase mundial.[195]

São alguns desses mecanismos: Conselhos Tutelares, Conselhos dos Direitos, Fóruns, Organizações Não Governamentais, Centrais Sindicais, políticas públicas, movimentos organizados pela sociedade civil e o Ministério Público do Trabalho.

9.2 Conselhos Tutelares

9.2.1 Características gerais

Como um dos principais mecanismos de participação popular previsto na Lei n.º 8.069/90, o Conselho Tutelar é um importante parceiro no combate ao trabalho infantil.

O Conselho Tutelar decorre de imposição do artigo 227 da Constituição Federal, que atribui à sociedade, ao Estado e à família a incumbência de garantir, com absoluta prioridade, os direitos fundamentais da criança e do adolescente.

---

[195] Claude Dumont, O Trabalho Infantil no mundo: o que fazer?, **III Seminário Latino-Americano Do Avesso ao Direito**, p. 251.

Sua definição está no próprio artigo 131 do ECA, *in verbis*: "*O Conselho Tutelar é órgão permanente e autônomo, não jurisdicional, encarregado pela sociedade de zelar pelo cumprimento dos direitos da criança e do adolescente, definidos nesta lei*".

O Conselho Tutelar é permanente porque é contínuo e definitivo; autônomo,[196] em virtude de sua independência funcional, que permite exercer suas atribuições livremente; e não jurisdicional por estar vinculado ao Executivo e por ser a jurisdição uma função típica e exclusiva do Poder Judiciário.[197]

A principal incumbência do Conselho Tutelar é agir concretamente nos casos de violação dos direitos da criança e do adolescente, podendo inclusive aplicar as medidas de sua competência, independentemente de ordem judicial.

A propósito disso, observa Sergio Shimura: "*tem-se, ainda, o* **controle político-administrativo**, *exercido pela Administração, no exercício de suas políticas públicas, prevenindo, fiscalizando e aplicando sanções aos transgressores, por meio de seus organismos ou entes como a Fundação Procon, Cetesb, Conselhos Tutelares, Condema etc.*" (grifo do autor).[198]

Diga-se, por fim, que o Conselho Tutelar é fruto da participação popular, sendo um dos atores da democracia participativa preconizada na Constituição Federal, destinado a coibir a violação dos direitos da criança e do adolescente, sem interferência do Judiciário.

9.2.2 Composição e requisitos para a candidatura

Em virtude da municipalização do atendimento prevista no artigo 88, inciso I, da Lei n.º 8.069/90,[199] deve haver, no mínimo, um Conselho Tutelar em cada município, com pelo menos cinco membros.[200] Esses membros são

---

[196] Maria Sylvia Zanella Di Pietro define órgãos autônomos como aqueles "que se localizam na cúpula da Administração, subordinados diretamente à chefia dos órgãos independentes; gozam de autonomia administrativa, financeira e técnica e participam das decisões governamentais", **Direito Administrativo**, p. 350–351.
[197] Giuliano D'Andréa, **Noções de Direito da Criança e do Adolescente**, p. 109.
[198] **Tutela Coletiva e sua efetividade**, p. 41.
[199] Art. 88 – São diretrizes da política de atendimento:
I –municipalização do atendimento;
[200] Consoante o § 1º da Resolução n.º 75 de 22/10/2001 do CONANDA, "*Serão escolhidos no mesmo pleito para o Conselho Tutelar o número mínimo de cinco suplentes*".

eleitos pela comunidade, o mandato é de quatro anos, sendo permitidas recondução, mediante novos processos de escolha.[201]

Em se tratando de disposição legal, o município está obrigado a implementar o Conselho Tutelar e sua omissão enseja a propositura de ação judicial. Judá Jessé de Bragança Soares afirma: *"O Município que não instalar seu Conselho Tutelar poderá ser acionado para fazê-lo, mediante mandado de injunção ou ação civil pública".*[202]

Não há um critério legal que defina o número de Conselhos Tutelares nos municípios, todavia é óbvio que esse número deve ser proporcional à extensão territorial e aos indicadores populacionais, a fim de facilitar o acesso da comunidade à sede do Conselho, bem como o deslocamento dos próprios conselheiros aos locais onde ocorrem as violações dos direitos da criança e do adolescente.

São três os requisitos exigidos pelo artigo 133 do Estatuto da Criança e do Adolescente para a candidatura a membro do Conselho Tutelar.[203] O primeiro é ter reconhecida idoneidade moral. Trata-se de requisito subjetivo, e, como tal, de difícil comprovação, tendo sido os atestados de antecedentes criminais expedidos pelas Polícias Federal e Estadual e as certidões dos distribuidores cíveis e criminais das Justiças Federal e Estadual, os documentos comprobatórios para tanto.

A presunção de idoneidade decorre da exigência imposta pelo artigo 133, I, da Lei n.º 8.069/90, que define o reconhecimento da idoneidade moral como um dos requisitos para o exercício da função de conselheiro tutelar. A presunção referida pela lei é *iuris tantum*, presunção relativa, que admite prova em contrário.

O segundo requisito é a idade superior a 21 anos, cujo objetivo é ter o conselheiro o mínimo grau de maturidade para cumprir com suas obrigações. E o último é residir no município, isto é, ter na cidade da can-

---

[201] Art. 132 – Em cada Município e em cada Região Administrativa do Distrito Federal haverá, no mínimo, um Conselho Tutelar como órgão integrante da administração pública local, composto de cinco membros, escolhidos pela população local para mandato de quatro anos, permitida recondução por novos processo de escolha (Redação dada pela Lei n.º 13.824, de 2019).

[202] **Estatuto da Criança e do Adolescente Comentado**: comentários jurídicos e sociais, p. 447.

[203] Art. 133 – Para a candidatura a membro do Conselho Tutelar, serão exigidos os seguintes requisitos:
I – reconhecida idoneidade moral;
II – idade superior a vinte e um anos;
III – residir no município.

didatura sua morada fixa, pois não haveria lógica alguma em o candidato residir em outro município, se a própria Lei n.º 8.069/90 diz: "escolhidos pela população local".

Os três requisitos são imprescindíveis, não podendo ser suprimidos ou alterados pela legislação municipal. Contudo, nada impede que os municípios estabeleçam outros, em virtude da competência que lhes é outorgada pelo artigo 30, incisos I e II da Constituição Federal para *"legislar sobre assuntos de interesse local e suplementar a legislação federal e estadual no que couber".*

A lei municipal ou distrital deve dispor sobre as diretrizes do Conselho Tutelar, bem como sobre a remuneração de seus membros. Já a lei municipal orçamentária deve prever os recursos necessários para o seu bom funcionamento. É o que estabelece o "caput" e parágrafo único do artigo 134 do Estatuto da Criança e do Adolescente.[204]

Nesse particular, cabe aqui um comentário. Sabe-se bem que não bastam recursos para o simples funcionamento do Conselho Tutelar, esses recursos devem ser suficientes para que os conselheiros exerçam suas funções com eficiência e motivação, incluindo os gastos para sua formação continuada.

No que diz respeito à remuneração dos seus membros, é mister ressaltar que a lei não estabelece um critério único. No entanto, o critério mais apropriado e adotado pela doutrina é o da proporcionalidade em relação à demanda que cada município exige, isto é, quanto maior for o município, maior será a demanda do Conselho Tutelar, o que justifica uma remuneração compatível com o trabalho realizado.

A função exercida por membro de Conselho Tutelar constitui serviço público relevante,[205] um autêntico *munus* público, a ponto de a lei estabelecer presunção de idoneidade moral e formação continuada, a fim de que os conselheiros executem suas tarefas com o devido zelo e dedicação, assegurando-lhes, inclusive, direitos trabalhistas e previdenciários.

---

[204] Art. 134 – Lei municipal ou distrital disporá sobre local, dia e horário de funcionamento do Conselho Tutelar, inclusive quanto à remuneração dos respectivos membros, aos quais é assegurado o direito a: (vide incisos I a V).
Parágrafo único. Constará da lei orçamentária municipal e da do Distrito Federal previsão dos recursos necessários ao funcionamento do Conselho Tutelar e à remuneração e formação continuada dos conselheiros tutelares.

[205] Art. 135 – O exercício efetivo da função de conselheiro constituirá serviço público relevante e estabelecerá presunção de idoneidade moral.

9.2.3 Atribuições

O Conselho Tutelar tem grande responsabilidade no tocante à proteção dos direitos da criança e do adolescente, em razão das atribuições que lhe são conferidas pelo artigo 136 da Lei n.º 8.069/90. Essa responsabilidade se estende à erradicação do trabalho infantil, aplicando-se, nesse caso, especialmente os incisos II, IV, VII e IX[206], a seguir comentados.

Havendo alguma notícia de exploração da mão de obra infantil, compete aos membros do Conselho acompanhar e aconselhar os pais ou o responsável (inciso II), aplicando-lhes as medidas previstas nos incisos I e V do artigo 129[207] da aludida Lei, se for o caso.

Outras medidas determinantes para a retirada da criança do mercado laboral são: comunicar os fatos ao Ministério Público do Trabalho e expedir notificações para quem de direito, ou seja, ao empregador (incisos IV e VII do artigo 136). Com efeito, havendo informações sobre a exploração da mão de obra infantil, o Conselho Tutelar não pode se esquivar de fornecer ao Ministério Público do Trabalho todas as informações de que tem conhecimento. Assim como as demais, trata-se de atribuição conferida por lei, logo, obrigatória.

Cabe aqui um comentário. A prática de atos ilícitos ou o descumprimento reiterado de qualquer uma das funções de conselheiro tutelar pode resultar na perda do mandato. Ocorre que a Lei n.º 8.069/90 não define

---

[206] Art. 136 – São atribuições do Conselho Tutelar:
II – atender e aconselhar os pais ou responsável, aplicando as medidas previstas no art. 129, I a VII;
IV – encaminhar ao Ministério Público notícia de fato que constitua infração administrativa ou penal contra os direitos da criança ou adolescente;
VII– expedir notificações;
IX– assessorar o Poder Executivo local na elaboração da proposta orçamentária para planos e programas de atendimento dos direitos da criança e do adolescente;
[207] Art. 129 – São medidas aplicáveis aos pais ou responsável:
I – encaminhamento a serviços e programas oficiais ou comunitários de proteção, apoio e promoção à família;
V – obrigação de matricular o filho ou pupilo e acompanhar sua frequência e aproveitamento escolar:

as hipóteses de suspensão ou perda do mandato, pelo que compete à lei municipal defini-las.[208]

Por fim, assessorar o Poder Executivo Municipal na peça orçamentária, objetivando a elaboração de programas para assegurar os direitos da criança e do adolescente, inclusive no que se refere à exploração da mão de obra infantil (inciso IX). Merece destaque essa atribuição, pois, mais uma vez, fica garantida a participação popular na elaboração de políticas públicas em favor da criança vítima do trabalho infantil.

Em decorrência da independência funcional do Conselho Tutelar, suas decisões não se submetem a nenhuma instância superior; são passíveis de revisão somente pela autoridade judiciária e, ainda assim, a pedido de quem tenha legítimo interesse.[209] Tem *legítimo interesse* a parte inconformada com a decisão administrativa do Conselho, que poderá recorrer ao Judiciário para obtenção de uma decisão judicial a seu favor.

Sobre o legítimo interesse, as palavras de Rose Mary de Carvalho: *"Trata-se, pois, de um interesse de caráter processual, e que consiste na necessidade que alguém sente de recorrer ao Judiciário para obter o reconhecimento de um direito violado ou ameaçado pela decisão do Conselho Tutelar"*.[210]

9.2.4 Escolha e impedimentos dos conselheiros

Conforme estabelece o artigo 139[211] do ECA, a lei municipal deve dispor sobre o processo de escolha dos membros do Conselho Tutelar,

---

[208] Wilson Donizeti Liberati e Públio Caio Bessa Cyrino, **Conselhos e Fundos no Estatuto da Criança e do Adolescente**, p. 167.
AGRAVO DE INSTRUMENTO - AÇÃO CIVIL PÚBLICA - Afastamento provisório de Conselheiro Tutelar do Município de Itaquaquecetuba-Irregularidades no cumprimento de carga horária diária de trabalho-Período que deve corresponder a 8 horas diárias de trabalho, no intervalo das 8 às 17 horas- Inteligência da Lei Municipal n.º 1364/92. (Comarca de Itaquaquecetuba - AI - 7279585000- Relator: Prado Pereira- 12ª Câmara de Direito Público- J- 12.12.2007).
Sobre a perda do mandato, dispõe o artigo 12, "caput" da Resolução n.º 75 do CONANDA: "O Conselheiro Tutelar, na forma da lei municipal e a qualquer tempo, pode ter seu mandato suspenso ou cassado, no caso de descumprimento de suas atribuições, prática de atos ilícitos ou conduta incompatível com a confiança outorgada pela comunidade".
[209] Art. 137 – As decisões do Conselho Tutelar somente poderão ser revistas pela autoridade judiciária a pedido de quem tenha legítimo interesse.
[210] **Estatuto da Criança e do Adolescente Comentado**: comentários jurídicos e sociais, p. 461.
[211] Art. 139 – O processo para a escolha dos membros do Conselho Tutelar será estabelecido em lei municipal e realizado sob a responsabilidade do Conselho Municipal dos Direitos da Criança e do Adolescente, e a fiscalização do Ministério Público.

enquanto a organização desse processo compete ao Conselho Municipal dos Direitos da Criança e do Adolescente, sendo imprescindível a fiscalização do Ministério Público durante o pleito eleitoral, sob pena de nulidade.

Embora as leis municipais sejam editadas de acordo com as peculiaridades de cada município, a eleição dos conselheiros só poderá ser feita pela comunidade local, sob total responsabilidade do Conselho Municipal. Sendo assim, é vedado à Administração Municipal "escolher" os conselheiros tutelares, já que estes representam a própria comunidade para a defesa dos direitos da criança e do adolescente.

A responsabilidade do Conselho Municipal dos Direitos da Criança e do Adolescente pela eleição dos membros do Conselho Tutelar abrange todas as fases do processo, desde as inscrições até a publicação da relação dos eleitos no Diário Oficial do respectivo município. Tal incumbência decorre não só de expressa disposição legal, mas também do fato de o Conselho Municipal integrar a estrutura da Administração Pública Municipal.

Sobre os impedimentos de participação da eleição previstos no artigo 140[212] da Lei n.º 8.069/90, entende Judá Jessé de Bragança Soares: *"os casos de impedimento são taxativos, ou seja, não cabe interpretação extensiva. É princípio de Hermenêutica que as normas restritivas de direitos se interpretam restritivamente. Portanto, não são impedidos de servir no mesmo conselho concubina e concubinário".*[213]

É obvio que o intuito da lei é evitar que as relações de parentesco venham a influenciar negativamente o trabalho realizado pelo Conselho Tutelar. Todavia, para o citado autor, esse órgão é fruto da democracia participativa e restringir o ingresso de outras pessoas, utilizando para tanto a interpretação extensiva ou a integração analógica, seria simplesmente ferir um dos principais objetivos do Estatuto da Criança e do Adolescente: a participação popular.

9.2.5 Legitimidade ativa e passiva do Conselho Tutelar

Em princípio, poderia se aventar, que sendo o Conselho Tutelar um órgão público vinculado à Administração Pública, não tem personalidade

---

[212] Art. 140 "caput" – São impedidos de servir no mesmo Conselho marido e mulher, ascendentes e descendentes, sogro e genro ou nora, irmãos, cunhados, durante o cunhadio, tio e sobrinho, padrasto ou madrasta e enteado.
[213] *Op. cit.*, p. 468. No mesmo sentido Wilson Donizeti Liberati e Púbio Caio Bessa Cyrino, *op. cit.*, p. 158.

jurídica própria para demandar em juízo. De fato, o Conselho Tutelar é órgão público despersonalizado, porém dotado de *personalidade judiciária*, pelo que é capaz de figurar como autor ou réu na defesa de seus direitos.

Personalidade judiciária é uma criação da doutrina, hoje acolhida pela jurisprudência, no sentido de admitir que órgãos sem personalidade jurídica possam atuar em juízo, em defesa de suas prerrogativas institucionais, relativas à autonomia, independência e funcionamento do órgão.

No dizer de Hely Lopes Meirelles:

> [...] a **personalidade jurídica** é independente da **personalidade judiciária**, ou seja, da capacidade para ser parte em juízo; esta é um **minus** em relação àquela. Toda pessoa física ou jurídica tem, necessariamente, capacidade processual, mas para postular em juízo nem sempre é exigida personalidade jurídica; basta a personalidade judiciária, isto é, a possibilidade de ser parte para a defesa de direitos próprios ou coletivos (grifo do autor).[214]

Dado o caráter relevante das atribuições que a lei confere ao Conselho Tutelar, bem como dos direitos que se presta a proteger, é que não se exige personalidade jurídica, mas se aceita sua *personalidade judiciária* como sendo bastante para demandar em juízo.[215]

Quanto à necessidade do nexo entre os entes despersonalizados e os respectivos destinatários, observa Sérgio Shimura: "*para os órgãos públicos despersonalizados é preciso a demonstração do* **interesse processual**. *Ostentam legitimidade, mas devem demonstrar a utilidade do provimento jurisdicional e a razão pela qual estão agindo em juízo em determinada hipótese concreta*" (grifo do autor).[216]

Feitas essas considerações, comentar-se-á sobre duas ações específicas, em virtude de sua pertinência. São elas: a ação de mandado de segurança e a ação civil pública.

---

[214] Hely Lopes Meirelles, **Mandado de Segurança**, p. 17.
[215] Explica Vicente Greco Filho: "É capaz de ser parte quem tem capacidade de direitos e obrigações nos termos da lei civil. Todavia, em caráter excepcional, a lei dá capacidade de ser parte para certas entidades sem personalidade jurídica. São universalidades de direitos que, em virtude das peculiaridades de sua atuação, necessitam de capacidade processual. Nessa condição está, por exemplo, a massa falida, o espólio, a herança jacente ou vacante, as sociedades sem personalidade jurídica, a massa do insolvente, o condomínio e algumas outras entidades previstas em lei", **Direito Processual Civil Brasileiro**, p. 100.
[216] **Tutela Coletiva e sua efetividade**, p. 82.

Sobre a legitimidade para o mandado de segurança novamente ensina Hely Lopes Meirelles:

> Não só as **pessoas físicas e jurídicas** podem utilizar-se e ser passíveis de mandado de segurança, como também os órgãos públicos **despersonalizados**, mas dotados de capacidade processual, como as Chefias dos Executivos, as Presidências das Mesas dos Legislativos, os Fundos Financeiros, as Comissões Autônomas, as Superintendências de Serviços e demais órgãos da Administração centralizada ou descentralizada que tenham prerrogativas ou direitos próprios a defender (grifo do autor).[217]

A questão é pacífica quanto à legitimidade ativa e passiva dos entes despersonalizados para mandado de segurança, porque embora desprovidos de personalidade jurídica, são dotados de capacidade processual. Entre os entes despersonalizados, mas legitimados para figurar no polo ativo ou passivo da ação mandamental, inclui-se o Conselho Tutelar, já que dotado de capacidade processual para a defesa de seus fins institucionais.[218]

Resta saber sobre a legitimidade para a ação civil pública.[219]

O artigo 210[220] do Estatuto da Criança e do Adolescente define como órgãos legitimados para ingressar com ações cíveis fundadas em interesses difusos e coletivos, o Ministério Público, as pessoas jurídicas de direito

---

[217] *Op. cit.*, p. 16–17.

[218] A propósito decidiu o TJSP: "MANDADO DE SEGURANÇA. Conselho Tutelar da Infância e da Juventude. Ementa: Órgão público permanente e autônomo. Capacidade processual para a defesa de prerrogativas funcionais. Cassação de sentença terminativa. Prosseguimento da ação para a adequada prestação jurisdicional". (Ap.Civ 10.649-5/8- 7ª Câm. de Direito Público- TJSP-10.02.1999-rel. Des. Jovino de Sylos).

[219] Segundo **Hugo Nigro Mazzili**, o que diferencia a ação coletiva da ação civil pública é o autor da ação. Se a ação é proposta pelo Ministério Público, trata-se de ação civil pública. Se proposta por outro colegitimado trata-se de ação coletiva, **A Defesa dos Interesses Difusos em Juízo**, p. 61. Para **Pedro da Silva Dinamarco**, ação coletiva é sinônimo de ação civil pública, inclusive sendo assim utilizada no Código de Defesa do Consumidor, **Ação Civil Pública**, p. 17. No mesmo sentido: **Gianpaolo Poggio Smanio, Interesses Difusos e Coletivos**, p. 127. Já **Sérgio Shimura** entende que a denominação ação coletiva abrange todas as ações que objetivem a tutela jurisdicional coletiva, entre elas a ação civil pública, **Tutela Coletiva e sua efetividade**, p. 43.

[220] Art. 210 – Para as ações cíveis fundadas em interesses coletivos ou difusos, consideram-se legitimados concorrentemente:
· I – o Ministério Público;
· II – a União, os Estados, os Municípios, o Distrito Federal e os Territórios;
· III – as associações legalmente constituídas há pelo menos um ano e que incluam entre seus fins institucionais a defesa dos interesses e direitos protegidos por esta Lei, dispensada a autorização da assembleia, se houver prévia autorização estatutária.

público e as associações legalmente constituídas, que tenham entre suas finalidades institucionais a promoção e a defesa dos direitos da criança e do adolescente. Evidente que se inclui no rol de ações cíveis, *a ação civil pública*, dada sua importância na defesa dos interesses protegidos pela Lei n.º 8.069/90.

O Código de Proteção e Defesa do Consumidor (Lei n.º 8.078/90), por sua vez, confere legitimidade ativa e passiva às entidades e órgãos da administração pública desprovidos de personalidade jurídica para a propositura de ações destinadas à defesa de direitos protegidos pelo referido Código, entre as quais se inclui a ação civil pública (art. 82, III do CDC).[221]

Em matéria de Direito do Consumidor, o artigo 82, inciso III, da Lei n.º 8.078/90 é expresso ao atribuir legitimidade aos órgãos despersonalizados para a propositura das ações civis públicas, desde que voltados especificamente à defesa dos interesses e direitos protegidos pela citada Lei.[222] Note-se que a personalidade judiciária de entes despersonalizados, mas com prerrogativas próprias, vem sendo cada vez mais, sustentada pela doutrina e reconhecida pela jurisprudência.[223]

Diferentemente do Código de Proteção e Defesa do Consumidor, o Estatuto da Criança e do Adolescente não inclui os entes despersonalizados, como são os Conselhos Tutelares, no rol de legitimados das ações cíveis (cf. art. 210). Contudo, os membros dos Conselhos poderão se valer das associações dos Conselhos Tutelares, desde que estejam legalmente constituídas há pelo menos um ano e que conste dos seus estatutos a defesa dos interesses e direitos protegidos pela Lei n.º 8.069/90.

Além das ações cíveis fundadas em interesses coletivos ou difusos, o artigo 211 da aludida Lei dispõe expressamente que os órgãos legitimados poderão firmar com os interessados "Termo de Ajustamento de Conduta" (TAC), o qual terá força de título executivo extrajudicial.

---

[221] O Art. 82, III, do Código do Consumidor estabelece que: "Para os fins do artigo 81, parágrafo único, são legitimados concorrentemente:
III – as entidades e órgãos da administração pública, direta ou indireta, ainda que sem personalidade jurídica, especificamente destinadas à defesa dos interesses e direitos protegidos por este Código.
[222] Sobre a legitimidade dos órgãos despersonalizados afirma Gianpaolo Poggio Smanio: "Entes despersonalizados têm personalidade judiciária e podem ajuizar ACP, desde que tenham a finalidade institucional de defesa de um dos interesses protegidos pela ACP, **Interesses Difusos e Coletivos**, p. 126.
[223] Nas palavras de Lauro Luiz Gomes Ribeiro: "Com a inclusão destes órgãos no rol taxativo de legitimados para a ação civil pública, houve vigoroso avanço legislativo para a tutela dos interesses de massa", **Legitimidade para a Lei da Ação Civil Pública**, p. 219-231.

A possibilidade de ingressar com ações dessa natureza em prol dos direitos da criança e do adolescente, quer por intermédio do Ministério Público, quer por meio de uma associação legalmente constituída, permite ao Conselho Tutelar o uso de um novo e poderoso instrumento, capaz de promover e garantir direitos essenciais, como o direito da criança a não trabalhar.

Conclui-se, finalmente, que o Conselho Tutelar, com as características e atribuições que lhe são conferidas por lei, e, especialmente, pelo modo de escolha de seus membros, não só permite à população local efetiva participação nos assuntos que lhe são próprios, como também possibilita maior celeridade na solução das questões relacionadas à criança e ao adolescente.

9.3 Conselhos dos Direitos da Criança e do Adolescente

9.3.1 Considerações iniciais

Como uma das diretrizes da política de atendimento prevista no artigo 88, inciso II da Lei n.º 8.069/90[224], os Conselhos dos Direitos são órgãos colegiados, deliberativos e controladores de ações envolvendo os direitos da criança e adolescente. Atuam em nível nacional (CONANDA), estadual (CONDECA) e municipal (CMDCA) e são importantes mecanismos de proteção da infância e juventude, cuja atribuição é deliberar sobre políticas públicas em favor de crianças e adolescentes, inclusive no tocante à prevenção e erradicação do trabalho infantil.

Ressalte-se, de início, que não há hierarquia entre os Conselhos, que traçam diretrizes no âmbito de sua atuação. O Conselho Nacional define as diretrizes gerais; os Conselhos Estaduais, conforme a realidade de cada estado; e os Municipais, de acordo com suas necessidades locais. Embora não haja hierarquia, as diretrizes gerais do Conselho Nacional devem ser seguidas pelos demais Conselhos, pelo que se faz necessário o diálogo entre eles.

---

[224] Art. 88 – São diretrizes da política de atendimento.
II– criação de conselhos municipais, estaduais e nacional dos direitos da criança e do adolescente, órgãos deliberativos e controladores das ações em todos os níveis, assegurada a participação popular paritária por meio de organizações representativas, segundo leis federal, estaduais e municipais.

9.3.2 Composição e funcionamento

O Estatuto da Criança e do Adolescente estabelece a composição dos Conselhos dos Direitos como sendo paritária, isto é, aos pares. De um lado, representantes governamentais, de outro, representantes da sociedade civil, o que garante a participação popular nos moldes da democracia participativa, instituída pela Constituição Federal.

Os conselheiros governamentais são indicados pelos administradores públicos e representam as diversas Secretarias que compõem a Administração (ex.: Secretaria da Educação, Saúde, Esportes etc.), as quais são essenciais para a implementação das políticas públicas, objeto das deliberações dos Conselhos dos Direitos da Criança e do Adolescente.

A sociedade civil participa do Conselho por meio de organizações não governamentais (ONGs), sindicatos, igrejas e entidades do terceiro setor, que atuam na promoção e defesa da infância e juventude. Essas instituições se fazem representar por meio de pessoas habilitadas que, se eleitas, ocuparão uma "cadeira" no Conselho dos Direitos em nome da respectiva instituição. Durante o processo eleitoral é obrigatória a fiscalização do Ministério Público, sob pena de nulidade do pleito.

Saliente-se que os conselheiros da sociedade civil, titulares e suplentes, são insubstituíveis, pois, embora as instituições sejam eleitas, apenas os representantes que participarem do processo de escolha estarão habilitados a integrar os Conselhos dos Direitos.

Vale dizer que é vedado às mesmas organizações enviar outros integrantes para substituir os membros eleitos, ainda que numa única reunião da plenária, salvo em casos excepcionais para se assegurar a paridade, como é a hipótese da morte simultânea dos conselheiros — titular e suplente — de uma mesma instituição. O mesmo não ocorre com os representantes governamentais, que podem ser substituídos pelo administrador público a qualquer tempo.

A composição paritária dos Conselhos dos Direitos é de suma importância, para o fim de garantir a proporcionalidade e a simetria nas votações e deliberações. Assevera Edson Seda: *"A norma geral Federal encontrou na paridade o mecanismo de equilíbrio. Cada lado entrará com o mesmo número de Conselheiros"*.[225]

---

[225] **Estatuto da Criança e do Adolescente Comentado**: comentários jurídicos e sociais, p. 290.

O cumprimento das deliberações oriundas dos Conselhos dos Direitos depende de todo colegiado. De uma parte, compete aos representantes governamentais viabilizar o que restou decidido, influenciando seus superiores para a tão necessária concretização dessas deliberações. De outra, compete às organizações representativas, a mobilização da sociedade civil para seu efetivo cumprimento.

Os membros dos Conselhos dos Direitos reúnem-se em sessão plenária, única ocasião em que deliberam sobre assuntos relativos à criança e ao adolescente. As questões mais complexas e que merecem discussões mais aprofundadas são encaminhadas aos conselheiros presentes na sessão pela mesa diretora ou pelo presidente do Conselho.

Não há um critério único para a eleição do presidente, que é sempre escolhido pelos demais membros do Conselho na primeira reunião de plenária, tendo sido o critério quantitativo o mais utilizado, isto é, o presidente será o conselheiro que obtiver o maior número de votos durante o processo eleitoral.

Paralelamente às reuniões de plenária, os conselheiros se reúnem em pequenos grupos de trabalho, as chamadas comissões temáticas. Tais comissões respondem ofícios, esclarecem dúvidas, analisam documentos e projetos, sendo que os assuntos relevantes são levados à sessão plenária para que sobre eles haja deliberação.

9.3.3 Finalidade e deliberações dos Conselhos de Direitos

Os Conselhos dos Direitos da Criança e do Adolescente são órgãos colegiados,[226] cuja função é propor e controlar as ações voltadas aos direitos dos infantes. Tais ações envolvem políticas sociais básicas, de proteção especial e assistência social. Ressalte-se que quaisquer políticas públicas ou programas que dizem respeito à criança e ao adolescente deverão ser previamente analisados pelos respectivos Conselhos. É o que se depreende do artigo 88, inciso II, da Lei n.º 8.069/90.

Trata-se de conselhos deliberativos e não meramente consultivos, isto é, com poder de decisão sobre as políticas destinadas à criança e ao

---

[226] Para Celso Antônio Bandeira de Mello os órgãos são "colegiais", conforme suas decisões sejam formadas e manifestadas individualmente por seus agentes ou, então, coletivamente pelo conjunto de agentes que os integram (como, por exemplo, as Comissões, os Conselhos etc.), caso, este, em que suas deliberações são imputadas ao corpo deliberativo, e não a cada qual de seus componentes", **Curso de Direito Administrativo**, p. 123.

adolescente. Instituídos por lei, os Conselhos dos Direitos da Criança e do Adolescente integram a estrutura do Poder Público, embora não estejam subordinados a ele.[227]

Entre as várias atividades exercidas pelos Conselhos, inclusive a realização de Conferências sobre os Direitos da Criança e do Adolescente em todas as instâncias, merecem destaque duas tarefas específicas executadas pelo Conselho Municipal: a realização da eleição dos conselheiros tutelares no respectivo município e o fornecimento de registros para o bom funcionamento das organizações não governamentais.[228]

As manifestações dos Conselhos revelam-se por meio de deliberações, que são publicadas no Diário Oficial, na forma de Resoluções. Estas têm caráter normativo, pelo que devem ser acatadas pelo Estado e pelas instituições que se dedicam à infância e à juventude. Note-se que por ser o Conselho dos Direitos *deliberativo*, suas Resoluções vinculam o administrador, ensejando, inclusive, a propositura de ação judicial nas hipóteses de descumprimento.

É que não é mais possível argumentar, como já se fez muito no passado, que não compete ao Judiciário adentrar o campo da discricionariedade do administrador, argumento que abre um viés para que essa discricionariedade passe a servir de "refúgio" para eximi-lo das obrigações legais que lhe são impostas.

Não é por outra razão que tanto o Estatuto da Criança e do Adolescente como a Constituição Federal atribuem ao Ministério Público e à sociedade em geral — onde se incluem os Conselhos dos Direitos — a fiscalização das atividades do Estado. Em se tratando de Conselhos, a fiscalização das atividades estatais consiste na aprovação e cumprimento de suas deliberações, sempre voltadas para o bem-estar da criança e do adolescente. E não poderia ser diferente, pois de nada valeria um conselho deliberativo e criado por lei se suas deliberações ficassem à mercê da vontade do administrador.

Sobre as deliberações dos órgãos colegiados ensina Hely Lopes Meirelles:

---

[227] Wilson Donizete Liberati e Púbio Caio Bessa Cyrino, *op. cit.*, p. 94.

[228] Art. 91 – As entidades não-governamentais somente poderão funcionar depois de registradas no Conselho Municipal dos Direitos da Criança e do Adolescente, o qual comunicará o registro ao Conselho Tutelar e à autoridade judiciária da respectiva localidade. Art. 139 – O processo de escolha dos membros do Conselho Tutelar será estabelecido em lei municipal e realizado sob a responsabilidade do Conselho Municipal dos Direitos da Criança e do Adolescente, e a fiscalização do Ministério Público.

As deliberações devem sempre obediência ao regulamento e ao regimento que houver para a organização e funcionamento do colegiado. **Quando expedidas em conformidade com as normas superiores são vinculantes para a Administração e podem gerar direitos subjetivos para seus beneficiários** (grifo nosso).[229]

Vê-se, portanto, que ficam sanadas quaisquer dúvidas quanto ao caráter normativo das deliberações dos Conselhos dos Direitos da Criança e do Adolescente, hoje reconhecido pela doutrina e jurisprudência, inclusive do Superior Tribunal de Justiça.[230]

Por fim, cabe salientar que há duas relevantes Resoluções do CONANDA sobre o trabalho infantil: a de n.º 43 de 29/10/1996, que sugere aos Conselhos Estaduais a adoção de medidas para a erradicação do trabalho infantil e a de n.º 69 de 15/10/2001, que trata da idade mínima laboral.

9.3.4 Remuneração e legitimidade dos Conselhos

A função de membro do Conselho dos Direitos é considerada de interesse público relevante e não remunerada, nos termos do artigo 89 da Lei n.º 8.069/90[231]. Com efeito, o que move os membros do colegiado é o idealismo e, nesse sentido, a gratuidade é positiva, evitando que pessoas alheias à causa da criança e do adolescente exerçam a função de membro do Conselho, tão somente para receber remuneração.

Note-se que o colegiado resulta da participação popular e do processo democrático,[232] sendo que a função de conselheiro é uma missão institucional, exigindo dedicação e empenho. Ademais, a gratuidade decorre da

---

[229] **Direito Administrativo Brasileiro**, p. 142.
[230] "ADMINISTRATIVO E PROCESSO CIVIL – AÇÃO CIVIL PÚBLICA- ATO ADMINISTRATIVO DISCRICIONÁRIO: NOVA VISÃO
1- Na atualidade, o império da lei e o seu controle, a cargo do Judiciário, autoriza que se examinem, inclusive, as razões de conveniência e oportunidade do administrador.
2- Legitimidade do Ministério Público para exigir do Município a execução de política específica, a qual se tornou obrigatória por meio de resolução do Conselho Municipal dos Direitos da Criança e do Adolescente.
3- Tutela específica para que seja incluída verba no próximo orçamento, a fim de atender as propostas políticas certas e determinadas.
4- Recurso especial provido. (Recurso Especial n.º 493.811-SP - 2002/0169619-5. Brasília-DF. 11.11.2003).
[231] Art. 89 – A função de membro do Conselho Nacional e dos conselhos estaduais e municipais dos direitos da criança e do adolescente é considerada de interesse público relevante e não será remunerada.
[232] Felício Pontes JR., **Conselho de Direitos da Criança e do Adolescente**, p. 66-67.

lei, bem como da própria natureza da função, considerada de "interesse público relevante", sendo equiparada aos mesários em eleições ou jurados do Tribunal do Júri.

No tocante à legitimidade ativa e passiva dos Conselhos dos Direitos, saliente-se que, embora não tenham personalidade jurídica, têm personalidade *judiciária*, pelo que estão legitimados para a ação de mandado de segurança.[233]

Como bem observa Nelson Nery Junior:

> O direito de ação é garantido a todos. Nessa locução devem compreender-se as pessoas físicas e jurídicas bem como os entes despersonalizados, tais como condomínio de apartamentos, espólio e massa falida, por exemplo, que têm, entretanto, **personalidade judiciária**, quer dizer, podem ser parte ativa e passiva em ação judicial (grifo do autor).[234]

Os Conselhos dos Direitos, como órgãos colegiados que são, têm legitimidade ativa e passiva *ad causam* para demandar em juízo nas ações mandamentais, sempre em defesa de seus direitos institucionais, relativos ao seu funcionamento, autonomia e independência.

No que tange ao cumprimento das deliberações dos Conselhos dos Direitos, pode-se dizer que o artigo 2º da Resolução 105 de 15 de junho de 2005 do Conselho Nacional dos Direitos da Criança e do Adolescente (CONANDA)[235] soluciona quaisquer dúvidas a respeito do efetivo cum-

---

[233] Em se tratando de Conselhos (órgãos colegiados) a autoridade coatora é o presidente.
[234] **Princípios do Processo Civil na Constituição Federal**, p. 120.
[235] Art. 2º – Na União, nos Estados, no Distrito Federal e nos Municípios haverá um único Conselho dos Direitos da Criança e do Adolescente, composto paritariamente de representantes do governo e da sociedade civil organizada, garantindo-se a participação popular no processo de discussão, deliberação e controle da política de atendimento integral dos direitos da criança e do adolescente, que compreende as políticas sociais básicas e demais políticas necessárias à execução das medidas protetivas e socioeducativas previstas nos arts. 87, 101 e 112, da Lei n.º 8.069/90.
§ 1º. O Conselho dos Direitos da Criança e do Adolescente deverá ser criado por lei, integrando a estrutura do Governo Federal, dos Estados, do Distrito Federal e dos Municípios, com total autonomia decisória quanto às matérias de sua competência.
§ 2º. As decisões do Conselho dos Direitos da Criança e do Adolescente, no âmbito de suas atribuições e competências, vinculam as ações governamentais e da sociedade civil organizada, em respeito aos princípios constitucionais da participação popular e da prioridade absoluta à criança e ao adolescente.
§ 3º. Em caso de infringência de alguma de suas deliberações, o Conselho dos Direitos da Criança e do Adolescente representará ao Ministério Público visando à adoção de providências cabíveis, bem assim aos demais órgãos legitimados no art. 210 da Lei n.º 8.069/90 para que demandem em juízo mediante ação mandamental ou ação civil pública.

primento das deliberações dos Conselhos Municipais, Estaduais e do próprio CONANDA.

Se porventura os destinatários das Resoluções dos Conselhos (Poder Público, sociedade e família) se recusarem a acatá-las, a despeito do caráter geral e coletivo destas, os órgãos colegiados poderão se utilizar dos entes legitimados constantes do artigo 210 da Lei n.º 8.069/90, mormente o Ministério Público para o ingresso das ações judiciais competentes, especialmente a ação civil pública.

Por tudo o que já foi dito, conclui-se que os Conselhos dos Direitos são valiosos instrumentos de combate ao trabalho infantil. Atendendo à proposta da formulação de políticas públicas e de acordo com o princípio da democracia participativa, os Conselhos dos Direitos são verdadeiros expoentes de promoção e defesa dos direitos da infância e juventude no país.

9.3.5 Fundo da Infância e Adolescência (FIA)

Conforme dispõe a Lei n.º 8.069/90 compete aos Conselhos dos Direitos; nacional, estaduais e municipais, a manutenção de fundos especiais, os chamados fundos dos direitos da criança e do adolescente.

De acordo com o artigo 71 da Lei n.º 4.320/64, *in verbis*: *"Constitui fundo especial o produto de receitas especificadas que, por lei, se vinculam à realização de determinados objetivos ou serviços, facultada a adoção de normas peculiares de aplicação".*

Os fundos da infância e adolescência se constituem de recursos destinados à execução de projetos voltados para ações complementares de promoção, proteção e defesa dos direitos fundamentais das crianças e adolescentes.

São recursos financeiros que estão diretamente vinculados aos Conselhos, de modo que, são estes, e somente estes, que podem dar a destinação específica às receitas que os compõem. Assim, é vedado ao administrador público utilizar os recursos dos fundos para outros fins que não os determinados pelos respectivos Conselhos, por meio de suas deliberações.

A cada nova gestão, os Conselhos devem apresentar um plano referente às ações a serem realizadas. Trata-se do plano de ação, ao qual sempre corresponde um plano de aplicação, devendo constar neste último as origens das receitas e os gastos necessários para a concretização do plano de ação.[236]

---
[236] J. Teixeira Machado Jr. e Heraldo da Costa Reis, **A Lei 4.320/64 Comentada**, p. 156.

Acrescente-se, ainda, que as receitas do fundo vêm definidas em lei, podendo advir de dotações orçamentárias, multas, doações, recursos provenientes dos demais Conselhos (ex.: o Conselho Estadual pode repassar recursos do fundo estadual para os fundos dos Conselhos Municipais do respectivo estado), além de outras fontes, frise-se, sempre definidas em lei.

A destinação dos recursos dos fundos deriva das deliberações dos respectivos Conselhos, ainda que a operacionalização seja feita por outros órgãos,[237] não podendo, portanto, misturar-se com outros recursos.

Os fundos dos Direitos da Criança e do Adolescente fortalecem os Conselhos de Direitos, além de serem importantes ferramentas de participação da sociedade civil organizada, na promoção dos direitos de crianças e adolescentes.

9.4 Fóruns de prevenção e erradicação do trabalho infantil

9.4.1 Considerações iniciais

A constatação da existência do trabalho infantil disseminado em todo o país e suas trágicas consequências, assim como o reconhecimento da criança e do adolescente como sendo sujeitos de direitos e a intensa participação popular em favor dos infantes, acabaram por mobilizar a sociedade para a formação de fóruns empenhados em abolir o labor infantil.

Os fóruns são constituídos por representantes de movimentos populares, de organizações não governamentais, sindicatos, centrais sindicais e pessoas da comunidade, que se reúnem em um espaço democrático, a fim de encontrar alternativas para a eliminação do trabalho infantil.

A mobilização da sociedade no sentido de extinguir por completo a exploração da mão de obra infantil resultou na criação do Fórum Nacional de Prevenção e Erradicação do Trabalho Infantil, no ano de 1994, com a finalidade de conjugar esforços do governo e da sociedade civil para a solução desse tão dramático problema, que afeta inúmeras crianças brasileiras.

---

[237] Alguns Conselhos procedem também à operacionalização do fundo, como ocorre com o Conselho Municipal de Recife.

9.4.2 Objetivos

São alguns dos objetivos do fórum nacional:

a) elaborar estratégias de atuação para prevenir e erradicar o trabalho infantil; b) participar de audiências públicas; c) influenciar os meios de comunicação de massa, para o fim de sensibilizar a sociedade e instâncias de poder; d) manter um banco de dados que divulgue informações sobre a situação do trabalho infantil a todas as pessoas envolvidas.[238]

A repercussão do fórum nacional foi tal, que resultou na formação de fóruns estaduais com o mesmo objetivo, ou seja, prevenir e erradicar o trabalho infantil.

Com a força que lhes é peculiar, os fóruns nacional e estaduais têm promovido seminários, influenciado a mídia, mobilizado sindicatos, centrais de trabalhadores e a sociedade em geral para prevenir e erradicar a exploração da mão de obra infantil. Esses fóruns têm sido, desde o início da sua formação, importantes instrumentos de combate ao trabalho infantil.

9.5 IPEC, PETI e Fundação Abrinq

9.5.1 Programa Internacional para a Eliminação do Trabalho Infantil

O Programa Internacional para a Eliminação do Trabalho Infantil (IPEC), criado pela OIT em 1992, opera aproximadamente em cerca de 100 (cem) países, promovendo um movimento mundial para erradicar o trabalho infantil e dando suporte aos países que enfrentam esse problema. O IPEC prioriza crianças com idade inferior a 12 anos e as que trabalham em condições degradantes ou submetidas ao regime de escravidão.

O compromisso político dos governos, a conscientização de empregadores, a mobilização de trabalhadores, de organizações não governamentais e universidades, além do envolvimento dos meios de comunicação são os principais objetivos do IPEC.[239]

O fornecimento de recursos para iniciativas e projetos voltados à abolição do trabalho da criança, a ampla divulgação desse importante pro-

---

[238] André Viana Custódio e Josiane Rose Petry Veronese, **Trabalho Infantil**, p. 222-223.
[239] Haim Grunspun, **O Trabalho das Crianças e dos Adolescentes**, p. 92-93.

grama internacional, bem como a apresentação de estratégias de sucesso, com vistas a viabilizar a troca de informações entre países, tem sido de grande valia na luta mundial contra a exploração da mão de obra infantil.

As atividades do IPEC são desenvolvidas de acordo com o Plano Nacional de Prevenção e Erradicação do Trabalho Infantil e Proteção ao Trabalhador Adolescente. Ressalte-se que o Brasil foi um dos primeiros países a aderir a essa proposta, adotando o programa no mesmo ano de sua criação. Entre as muitas entidades que firmaram parceria com o IPEC, destacam-se: Conferência Nacional dos Bispos do Brasil (CNBB), Conselho Nacional dos Direitos da Criança e do Adolescente (CONANDA), Central Única dos Trabalhadores (CUT), Fórum Nacional de Prevenção e Erradicação do Trabalho Infantil (FNPETI), Fundação Abrinq pelos Direitos da Criança (FUNDABRINQ) e Ministério Público do Trabalho (MPT). [240]

O IPEC coopera com o Brasil, a fim de que o país possa adotar medidas imediatas e eficazes para eliminar as piores formas de trabalho infantil, principalmente o perigoso, o ilícito e o oculto.

9.5.2 Programa de Erradicação do Trabalho Infantil (PETI)

O PETI é um programa instituído no Brasil no ano de 1996, com o objetivo de retirar as crianças do trabalho considerado penoso, perigoso, insalubre ou degradante, ou qualquer labor que coloque em risco a saúde ou a segurança dessas mesmas crianças. Inclui concessões de bolsas do governo federal às famílias das crianças trabalhadoras, a fim de lhes garantir a frequência à escola e a participação em atividades extracurriculares, tais como reforço escolar, práticas esportivas e oficinas de arte e cultura, além de uma melhor alimentação. É a chamada jornada ampliada.

O público prioritário do PETI são crianças e adolescentes na faixa etária de 7 a 15 anos, que labutam no corte de cana-de-açúcar, nas plantações de fumo, pedreiras, sisal, lixões, carvoarias e demais trabalhos dessa natureza.

Os pais ou responsáveis têm o compromisso de participar dos programas e projetos de geração de renda oferecidos, bem como de manter os filhos na escola, sob o risco de perder a bolsa. O benefício cessa após 4 anos de permanência ou quando o adolescente completa 16 anos.

---

[240] José Roberto Dantas Oliva, **O Princípio da Proteção Integral e o trabalho da criança e do adolescente no Brasil**, p. 141.

A partir do PETI iniciaram-se as Ações Estratégicas do Programa de Erradicação do Trabalho Infantil (AEPETI), importantes ferramentas destinadas ao fim da exploração da mão de obra infantil, tendo retirado muitas crianças da labuta precoce, o que demonstra o empenho do Brasil no enfrentamento ao trabalho infantil.

As AEPETI fundam-se em cinco eixos: 1) informação sobre as ocorrências de trabalho infantil para o desenvolvimento de ações estratégicas, 2) identificação de crianças em situações de labor precoce, 3) proteção social para essas crianças e suas famílias, 4) acompanhamento das ações de defesa e responsabilização, 5) monitoramento das ações do PETI.

Não obstante todas as ações de combate ao trabalho infantil no país, estima-se que cerca de 1,8 milhão de crianças e adolescentes ainda laborem em situações degradantes, especialmente nas áreas rurais, restando para as grandes cidades, a venda de mercadorias nos semáforos, a prostituição e o tráfico de entorpecentes.

9.5.3 Fundação Abrinq pelos Direitos da Criança e do Adolescente

Em virtude da alarmante situação mundial da infância, divulgada pela UNICEF, criou-se a Fundação Abrinq em fevereiro de 1990, com a finalidade de conscientizar os empresários, especialmente aqueles ligados à Associação Brasileira de Fabricantes de Brinquedos (Abrinq).

A Fundação procura fortalecer políticas públicas para a infância e juventude, investindo em ações que busquem a promoção dos direitos da criança e do adolescente, envolvendo a comunicação e a participação do empresariado, em consonância com os princípios da Constituição Federal e da Convenção sobre os Direitos da Criança da ONU.

A Fundação Abrinq inaugurou o importante programa "Empresa amiga da criança", que influenciou consideravelmente o empresariado, no tocante à prevenção e combate à exploração da mão de obra infantil, bem como em relação à responsabilidade social das empresas, a qual consiste na ética nas relações humanas, no cuidado com o meio ambiente e nas ações concretas contra a desigualdade social.

Uma das principais iniciativas da Abrinq foi o chamado *selo social*, fornecido às empresas que firmem compromissos voltados à eliminação do trabalho infantil. O objetivo do selo é incentivar condutas de responsabilidade social do empresariado, possibilitando aos consumidores a visibilidade de tais condutas, o que beneficia os estabelecimentos. O selo social é utilizado nos produtos das empresas efetivamente comprometidas com o programa, atestando que não foram fabricados com mão de obra infantil.

Simultaneamente, a Fundação desfruta das vantagens decorrentes do engajamento na luta contra a exploração do trabalho infantil. Entre as vantagens, destacam-se duas: a imagem que transmite aos consumidores, que tendem a valorizar as empresas envolvidas com a responsabilidade social[241] e o aumento da produtividade em razão do marketing social.

A extinção do trabalho da criança é uma preocupação da Fundação Abrinq, que ao enfatizar a importância da responsabilidade social das empresas, conscientiza o empresariado da gravidade do labor infantil.

9.6 Marcha Global contra o Trabalho Infantil

A marcha global contra o trabalho infantil foi um grande acontecimento que ocorreu em Haia, em fevereiro de 1999, e contou com a participação de 27 entidades da Europa, Ásia, África e Américas. Esse movimento de sensibilização global foi determinante para a aprovação da Convenção n.º 182, que versa sobre as piores formas de trabalho infantil.

No Brasil, participaram da marcha escolas públicas e particulares, sindicatos, Central Única dos Trabalhadores (CUT), organizações não governamentais e a Pastoral da Criança, esta última com merecido destaque.

Tamanha mobilização fez com que, no dia 13 de maio de 1999, mais de três mil e quinhentas crianças entregassem ao presidente da República um documento assinado por um milhão e meio de crianças e adolescentes de todo o país.[242]

Por meio desse documento, crianças e adolescentes não pediram, mas exigiram respeito aos seus direitos, em especial: a) escolas para todos; b) ratificação da Convenção n.º 138 da OIT; c) erradicação da mão de obra infantil no Brasil. Note-se que toda essa mobilização não só obteve resultados efetivos, como procurou quebrar o mito de que "é melhor trabalhar do que roubar".

---

[241] Erotilde Ribeiro dos Santos Minharro, **A Criança e o Adolescente no Direito do Trabalho**, p. 95.
[242] Haim Gruspun, *op. cit.*, p. 94–95.

A marcha global contra o trabalho infantil alcançou seu objetivo quando chegou a Genebra, em junho de 1999, ocasião em que se realizou a 87ª Conferência da OIT, que resultou na ratificação da Convenção n.º 138 e da Recomendação n.º 146, em 21/6/2001, ambas abordadas nesta obra.

9.7 Ministério Público do Trabalho

O enfrentamento à exploração da mão de obra infantil é um dos principais alvos de atuação do Ministério Público do Trabalho.

Primeiramente, há o importante trabalho de conscientização da população, por meio de seminários, palestras e encontros, o que, aliás, tem sido de grande utilidade para o combate ao trabalho infantil. Além disso, compete ao *Parquet* laboral celebrar Termos de Ajustamento de Conduta (TAC) e ajuizar ação civil pública quando necessário.

O Termo de Ajustamento de Conduta, como o próprio nome indica, é um acordo decorrente do acerto entre as partes. Trata-se de uma eficaz composição amigável, pois permite solucionar conflitos sem que se recorra ao Judiciário. Diante do caos em que este se encontra, o Termo de Ajustamento traz uma grande vantagem às partes e ao próprio Judiciário: a obtenção de uma solução rápida e a redução do número de ações judiciais.

Por meio do Termo de Ajustamento, o empregador assume o compromisso de não mais se utilizar da mão de obra infantil, sob pena de pagamento de multa, que será revertida para o Fundo de Amparo ao Trabalhador (FAT). Tal Termo tem força de título executivo extrajudicial, sendo passível de execução direta perante a Justiça do Trabalho, nas hipóteses de descumprimento, conforme expressa disposição dos artigos 876 e 877-A da CLT.[243]

Outro importante instrumento de atuação do Ministério Público do Trabalho para a defesa dos direitos das crianças no âmbito das relações de

---

[243] A execução de título extrajudicial não tinha previsão legal no processo trabalhista até a publicação da Lei n.º 9.958/2000 (exceto na ação monitória prevista no artigo 840 da CLT).
Sobre a natureza de título extrajudicial observe-se o seguinte julgado: "**Ação de execução. Título extrajudicial. Termo de compromisso e ajuste de conduta.** De acordo com o § 6ª, do art. 5º da Lei 7.347/85 e art. 876, da CLT (com redação da Lei 9.958/2000), o termo de compromisso firmado pelo infrator em procedimento investigatório, perante o Ministério Público do Trabalho, tem natureza de título executivo extrajudicial, possibilitando a execução desde logo perante esta Justiça do Trabalho. Desnecessário nesses casos, propor antes ação civil pública". (TRT – 2ª Região- 6ª Turma- RO 20010067790/2001-Rel. Juíza Sônia Aparecida Gindro – **DOE 15/02/2002**).

trabalho é a ação civil pública.²⁴⁴ Se porventura o *Parquet* não for o autor da ação civil pública, deve intervir como fiscal da lei.

Para fins de propositura da ação civil pública é possível a prévia utilização do inquérito civil público, com vistas a apurar os fatos relacionados à exploração do labor infantil, conforme dispõe o artigo 84, inciso II da Lei n.º 75 de 20/5/1993, que trata do Ministério Público da União e de seus ramos, entre eles o Ministério Público do Trabalho.

O inquérito civil é um instrumento por excelência do *Parquet* trabalhista, podendo ser instaurado de ofício ou suscitado mediante notícia advinda do Conselho Tutelar, ou de qualquer pessoa física ou jurídica, que tenha conhecimento da ocorrência do trabalho infantil.

O membro do Ministério Público do Trabalho que preside o inquérito poderá requisitar documentos, informações, vistorias, perícias e o que mais se fizer necessário para a conclusão da investigação, a qual servirá de base para uma eventual ação civil pública. Vale salientar que na hipótese de ser firmado o Termo de Ajustamento de Conduta, o inquérito civil é arquivado.²⁴⁵

Vale lembrar que as inspeções procedidas por fiscais do Ministério do Trabalho e do Emprego, a atuação do Conselho Tutelar, dos Conselhos dos Direitos, dos grupos de direitos humanos, dos Fóruns e da sociedade em geral, hoje muito mais participativa, são poderosas ferramentas de apoio ao Ministério Público do Trabalho, que, por sua vez, tem abraçado a causa da erradicação do trabalho infantil no país.

9.8 Políticas públicas

O ponto de partida para a eliminação do trabalho infantil é a implementação de políticas públicas; de proteção especial, de assistência social e políticas sociais básicas.

As políticas de proteção especial têm como destinatários crianças e adolescentes que se encontram em situações de risco, abrangendo programas

---

[244] Explica Sérgio Shimura que o Procurador do Trabalho pode ingressar com ação civil pública em conjunto com o membro do Ministério Público estadual, para o fim de coibir o trabalho infantil. Nesse caso específico, não há legitimação exclusiva do MPT, pois a legitimidade é do Ministério Público, já que ambos representam a instituição, **Tutela Coletiva e sua efetividade**, p. 62. **No mesmo sentido**: José Marcelo Menezes Vigliar, **Ação Civil Pública**, p. 64-65

[245] Jairo Lins de Albuquerque Sento Sé, **Trabalho Escravo no Brasil**, p. 123.

voltados aos usuários de drogas, prostituição infantil, gestações precoces, atendimento aos jovens portadores de HIV e outros.

Já as políticas de assistência social visam dar apoio à criança e ao adolescente, bem como às suas famílias, consistindo, na maioria das vezes, em programas de curta duração. Pode-se citar, entre outros, os programas de auxílio financeiro à família ou estabelecimentos profissionalizantes para jovens de baixa renda.

Por fim, existem as políticas sociais básicas, essenciais à sociedade e que independem de um grande crescimento econômico do país. São denominadas de políticas básicas porque compete ao Estado instituí-las em favor de todos os cidadãos, sem distinção, como é o caso da saúde, educação, habitação e segurança. São imprescindíveis à supressão do trabalho infantil, bem como ao desenvolvimento da sociedade como um todo, dado seu caráter geral e preventivo.

Aqueles que discordam dessas ideias podem dizer que a preferência em aplicar recursos financeiros em serviços públicos, especialmente moradia, saúde, educação e reforma agrária, pode retardar *temporariamente* o crescimento econômico do país; todavia, com o incremento desses serviços, certamente haveria uma considerável melhora nas condições de vida da população, incluindo-se aí a eliminação do labor infantil.

Amartya Sem, economista laureado com o Prêmio Nobel no ano de 1998, afirma que é possível expandir as oportunidades sociais e, com isso, melhorar a qualidade de vida da população, até mesmo nos países pobres.

> Com efeito, a necessidade de recursos com frequência é apresentada como argumento para **postergar** investimentos socialmente importantes até que o país esteja mais rico. Onde é (diz a célebre questão retórica) que os países pobres encontrarão os meios de "custear" esses serviços? Essa é uma boa pergunta, e ela tem uma boa resposta, baseada em grande medida na economia dos custos relativos. A viabilidade desse processo conduzido pelo custeio público depende do fato de que os serviços sociais relevantes (como os serviços de saúde e a educação básica) são altamente **trabalho-intensivos** e, portanto, relativamente baratos nas economias pobres — onde os salários são mais baixos. Uma economia pobre pode ter menos dinheiro para despender em serviços de saúde e educação, mas também **precisa** gastar menos dinheiro para fornecer os mesmos serviços, que nos países mais ricos custariam muito mais. Preços e custos relativos são parâmetros

importantes na determinação do quanto um país pode gastar. Dado um comprometimento apropriado com o social, a necessidade de levar em conta a variabilidade dos custos relativos é particularmente importante para os serviços sociais nas áreas de saúde e educação (grifo do autor).[246]

Como diz o autor, por intermédio do *custeio público*, a qualidade de vida pode ser melhorada, a despeito dos baixos níveis de renda, desde que haja investimentos em programas adequados de serviços públicos. Iniciativas como essas reduzem as taxas de mortalidade, aumentam a expectativa de vida e elevam os índices de escolaridade, condição determinante para a extinção do trabalho infantil.

---

[246] **Desenvolvimento como Liberdade**, p. 67.

CONSIDERAÇÕES FINAIS

Durante muitas décadas o termo "menor" foi utilizado como sinônimo de delinquente, abandonado ou carente. A Constituição de 1988 substituiu o termo "menor" pelos vocábulos "criança" e "adolescente", individualizando as faixas etárias de acordo com o grau de maturidade física e psíquica de cada um.

A exploração da mão de obra infantil é um dramático problema histórico que atingiu seu ápice durante o período da revolução industrial. A brutalidade com que eram tratadas as mulheres e crianças, as excessivas horas de trabalho e as péssimas condições de higiene e segurança culminaram em greves e revoltas dos trabalhadores, fatores que desencadearam mudanças econômicas e sociais, fazendo surgir as primeiras leis trabalhistas.

No âmbito internacional, o primeiro instrumento a reconhecer os direitos da criança foi a Declaração Universal dos Direitos da Criança, cujo texto funda-se em dez princípios básicos, os quais introduziram a doutrina da proteção integral, além de chamarem a atenção da comunidade internacional para uma nova tomada de consciência em relação à infância e à juventude.

A Declaração serviu de inspiração para a elaboração de outros importantes instrumentos internacionais, entre eles a Convenção sobre os Direitos da Criança, tratado internacional com força jurídica vinculante, dado seu caráter de *jus cogens*.

Pode-se dizer que a Convenção estabeleceu um consenso global de proteção aos direitos da criança, estimulou movimentos organizados e incentivou a criação de programas voltados à erradicação do trabalho infantil, além de distinguir a infância da adolescência, e esta da idade adulta, o que, a nosso ver, foi determinante para uma nova visão da infância, independentemente das tradições culturais dos países que a ratificaram.

Outros importantes instrumentos internacionais de proteção à criança são as Convenções da OIT, em especial as Convenções n.º 138 e n.º 182. A primeira estabelece a idade mínima de 15 anos para o trabalho e a segunda proíbe as piores formas de trabalho infantil, procurando resolver questões emergenciais.

A OIT tem se revelado um valioso organismo internacional, na medida em que elabora normas de proteção ao trabalho com a finalidade de preservar a dignidade do trabalhador. Tais normas buscam não só melhorar as condições laborais, mas também combater trabalhos subumanos, como o trabalho escravo e o infantil.

Antes mesmo de o Brasil ratificar as referidas Convenções, a Constituição Federal, por meio da Emenda Constitucional n.º 20, de 15/12/1998, já havia definido a idade mínima laboral, eliminando qualquer contradição entre as normas nacional e internacional.

A referida Emenda objetivou preservar crianças e adolescentes das trágicas consequências do trabalho infantil, definindo a idade mínima de 16 anos para o trabalho e a aprendizagem entre 14 e 16.

A Emenda n.º 20/98 dividiu os juristas brasileiros. Para os favoráveis à modificação, a nova norma constitucional buscou preservar os direitos próprios da criança, como é o direito de brincar. Para os contrários à mudança, a Emenda está em desacordo com a realidade brasileira, pois o aumento da idade mínima é um vetor para a criminalidade, uma vez que o trabalho dignifica e educa o ser humano.

Para nós, a Emenda Constitucional n.º 20/98 foi um avanço na legislação brasileira, não só porque visa impedir a exploração da mão de obra infantil, mas também porque possibilita à criança e ao adolescente o término da escolaridade básica, a fim de lhes permitir o ingresso no mercado de trabalho na idade adulta, com uma qualificação aceitável ao empregador.

Abordamos a capacidade jurídica laboral, ante as questões polêmicas que o tema comporta e dado o imenso número de crianças no país que sofrem com a exploração do labor infantil, sem a proteção jurídica do contrato de trabalho. Nesse contexto, entendemos que o empregador que usufruiu indevidamente da mão de obra infantil, não pode pretender a nulidade do contrato, apoiando-se na idade mínima prevista na Constituição Federal, com vistas a se isentar do pagamento das verbas indenizatórias, beneficiando-se da própria torpeza.

É que a energia despendida pela criança trabalhadora jamais lhe será devolvida, sendo impossível o retorno ao *statu quo ante*, pelo que lhe são devidos todos os direitos trabalhistas e previdenciários, sem prejuízo das sanções aplicáveis ao empregador.

Com efeito, dadas as peculiaridades do contrato de trabalho, do sentido social de que este se reveste, bem como dos princípios norteadores do Direito Laboral, a criança contratada à margem da lei fará jus a todos os direitos assegurados pela legislação trabalhista. Por outro lado, não restam dúvidas de que a proibição constitucional contida no artigo 7º, inciso XXXIII visa proteger a criança e o adolescente, não podendo ser contra eles interpretada.

O trabalho realizado por pessoa menor de 16 anos, com exceção da aprendizagem, permitida a partir dos 14 anos, é proibido pela legislação brasileira. Entretanto, em algumas situações excepcionais, o Juiz da Infância e da Juventude poderá, mediante alvará, conceder autorização para o trabalho ao adolescente maior de 12 anos, se tal medida for imprescindível à sua subsistência e de seus familiares, ficando excluídas, em qualquer hipótese, as atividades penosas, perigosas e insalubres.

Não obstante a justificativa de que muitas vezes o trabalho do adolescente é a "esperança do lar", a verdade é que as concessões de sucessivos alvarás trariam apenas soluções momentâneas, além de abrir um perigoso canal para a exploração da mão de obra infantil.

A nosso ver, o alvará judicial deve ser a última medida a ser utilizada, depois de esgotadas todas as possibilidades de auxílio financeiro à família, ou na absoluta impossibilidade de concedê-lo, como pode ocorrer em determinadas situações. É a hipótese dos municípios paupérrimos ou em estado de calamidade pública, onde ficam escassas as possibilidades de arrecadação tributária e, consequentemente, de auxílio financeiro à família.

Ainda assim, a autorização judicial deve ter prazo de validade definido, devendo tais municípios recorrer a outros meios para a obtenção de recursos a serem utilizados em prol do adolescente trabalhador e de sua família.

Demos especial enfoque à doutrina da proteção integral, introduzida pela Declaração dos Direitos da Criança e do Adolescente e adotada tanto pela Constituição Federal como pela Lei n.º 8.069/90. A doutrina da proteção integral modificou conceitos, colocando a criança no centro das relações jurídicas, a fim de suprir suas necessidades de infância e assegurar seus direitos fundamentais.

De acordo com essa doutrina, devem ser asseguradas aos infantes todas as oportunidades e facilidades para uma infância e adolescência feliz e saudável. Para tanto, é mister a cooperação do Estado, da família, da comunidade e da sociedade em geral, já que esses seres humanos, ainda em formação, devem ter seus direitos garantidos com absoluta prioridade.

E justamente por estarem ainda em formação é que o ordenamento jurídico confere à criança e ao adolescente menor de 14 anos uma tutela jurisdicional diferenciada, garantindo-lhes não só os direitos assegurados a qualquer ser humano, mas também aqueles específicos da idade, como o direito de estudar, de brincar e de não trabalhar.

O trabalho infantil é uma violência contra a criança. O ingresso prematuro no mercado laboral não só lhe retira um período único da vida, mas também a prejudica na idade adulta, tanto na vida pessoal como na profissional.

Diante dessa triste realidade, constata-se que são necessários mecanismos de combate ao trabalho infantil, como os Conselhos Tutelares, Conselhos dos Direitos, Fóruns de Prevenção e Erradicação do Trabalho Infantil, movimentos populares, sindicatos, ONGs, Ministério Público do Trabalho, além de tantos outros.

Não se discute a importância desses instrumentos de prevenção e erradicação do trabalho infantil, mas sua efetiva aferição só será possível com a implementação de políticas sociais, as quais dependem de maiores e mais seletivos investimentos em recursos públicos, voltados para as necessidades básicas da família, que a nosso ver são: educação, saúde, moradia e segurança.

Finalmente, parece-nos que, enquanto não houver uma real fiscalização, bem como a punição daqueles que exploram a mão de obra infantil, além de suficientes recursos públicos para a redução da pobreza, não haverá eliminação do trabalho infantil.

Contudo, embora estejamos longe de impedir totalmente a exploração do labor infantil, a verdade é que muitos passos já foram dados. Os mecanismos de prevenção e erradicação, a mobilização da sociedade brasileira e as legislações de proteção à criança, se ainda não chegaram a suprimir, ao menos têm reduzido esse terrível drama no país.

REFERÊNCIAS

ACCIOLY, Hildebrando. **Manual de Direito Internacional Público**. 20. ed. São Paulo: Saraiva, 2012.

ANTUNIASSI, Maria Helena Rocha. **Trabalhador Infantil e Escolarização no Meio Rural**. Rio de Janeiro: Zahar, 1983.

ARAÚJO JÚNIOR, Gediel Claudino. **Prática no Estatuto da Criança e do Adolescente**. 3. ed. São Paulo: Atlas, 2019.

ARIÈS, Philippe. **História Social da Criança e da Família**. Tradução de Dora Flaksman. 2. ed. Rio de Janeiro: Guanabara, 1981.

ÁVILA, Humberto. **Teoria dos Princípios**: da definição à aplicação dos princípios jurídicos. 6. ed. São Paulo: Malheiros, 2006.

BARROS, Alice Monteiro de. **Curso de Direito do Trabalho**. 3. ed. São Paulo: LTr, 2007.

BOBBIO, Norberto. **A Era dos Direitos**. Tradução de Carlos Nelson Coutinho. Rio de Janeiro: Campus, 1992.

CARRAZZA, Roque. **Curso de Direito Constitucional Tributário**. 11. ed. São Paulo: Malheiros, 1998.

CARRION, Valentin. **Comentários à Consolidação das Leis do Trabalho**. 32. ed. São Paulo: Saraiva, 2007.

CERQUEIRA, Thales Tácito Pontes Luz de Pádua. **Manual do Estatuto da Criança e do Adolescente**: Teoria e Prática. São Paulo: Premier, 2005.

CORRÊA, Lélio Bentes; VIDOTTI, Tárcio José (coord.). **Trabalho Infantil e Direitos Humanos**: homenagem a Oris de Oliveira. São Paulo: LTr, 2005.

COSTA, Antônio Carlos Gomes. **O Estatuto da Criança e do Adolescente e o Trabalho Infantil no Brasil**. São Paulo: LTr, 1994.

CUEVA, Mario de La. **El Nuevo Derecho Mexicano del Trabajo**. 3. ed. México: Porruá, 1975.

CURY, Munir *et al*. **Estatuto da Criança e do Adolescente Comentado**: comentários jurídicos e sociais. 8. ed. São Paulo: Malheiros, 2006.

CUSTÓDIO, André Viana; VERONESE, Josiane Rose Petry. **Trabalho Infantil**: a negação do ser criança e adolescente no Brasil. Florianópolis: OAB/SC, 2007.

DALLARI, Dalmo de Abreu; KORCZAK, Janusz. **O Direito da Criança ao Respeito**. 3. ed. São Paulo: Summus, 1986.

DALLARI, Pedro B. A. **Constituição e Tratados Internacionais**. São Paulo: Saraiva, 2003.

D'ANDRÉA, Giuliano. **Noções de Direito da Criança e do Adolescente**. Florianópolis: OAB/SC, 2005.

DELMANTO, Celso; DELMANTO, Roberto; DELMANTO JUNIOR, Roberto. **Código Penal Comentado**. 4. ed. Rio de Janeiro: Renovar, 1998.

DIAS, Fabio Muller Dutra. **Trabalho Infantil**. São Paulo: Malheiros, 2006.

DINAMARCO, Pedro da Silva. **Ação Civil** Pública. São Paulo: Saraiva, 2001.

DINIZ, Maria Helena. **Curso de Direito Civil Brasileiro**. 15. ed. São Paulo: Saraiva, 1999, v. 1.

ELIAS, Roberto João. **Comentários ao Estatuto da Criança e do Adolescente**. 2. ed. São Paulo: Saraiva, 2004.

FARIA, José Eduardo (org.). **Direitos Humanos, Direitos Sociais e Justiça**. São Paulo: Malheiros, 2005.

FERREIRA, Aurélio Buarque de Holanda. **Novo Dicionário da Língua Portuguesa**. 15. ed. Rio de Janeiro: Nova Fronteira, 1975.

FERREIRA, Eleanor Stange. **Trabalho Infantil**: história e situação atual. Canoas: Editora da Ulbra, 2001.

FONSECA, Ricardo Tadeu. **A proteção ao trabalho da criança e do adolescente no Brasil**: o direito à profissionalização. São Paulo. 1995. 247 f. Dissertação (Mestrado em Direito). Faculdade de Direito da Universidade de São Paulo.

GENTILE, Pablo (org.). **Globalização Excludente**. 4. ed. Petrópolis: Vozes, 2002.

GOMES, Orlando; GOTTSCHALK, Élson. **Curso de Direito do Trabalho**. 17. ed. Rio de Janeiro: Forense, 2006.

GRECO FILHO, Vicente. **Direito Processual Civil Brasileiro**. 9. ed. São Paulo: Saraiva, 1994.

GRUSPUN, Hain. **O Trabalho das Crianças e dos Adolescentes**. São Paulo: LTr, 2000.

HERKENHOFF FILHO, Helio Estelita. **Nova Competência da Justiça do Trabalho**: EC n.º 45/04. Rio de Janeiro: Lumen Juris, 2006.

HUBERMAN, Leo. **História da Riqueza do Homem**. Tradução de Waltensir Dutra. 20. ed. Rio de Janeiro: Zahar, 1984.

HUZAK, Iolanda; AZEVEDO, Jô. **Crianças de Fibra**. 3. ed. Rio de Janeiro: Paz e Terra, 2000.

ISHIDA, Válter. **Estatuto da Criança e do Adolescente**. Doutrina e Jurisprudência. 4. ed. São Paulo: Atlas, 2003.

JACOB, Dolinger; TIBURCIO, Carmen. **Direito Internacional Privado**. 14. ed. Rio de Janeiro: Forense, 2018.

KASSOUF, Ana Lúcia. **Aspectos sócio-econômicos do trabalho infantil no Brasil**. Brasília. Secretaria de Estado dos Direitos Humanos. 2002, 124 f. Tese (Livre Docência). Faculdade de Economia da Universidade de São Paulo.

KELSEN, Hans. **Teoria Pura do Direito**. Tradução de João Baptista Machado. 2. ed. Coimbra: Arménio Amado, 1962, v. 2.

LAFER, Celso. **A Internacionalização dos Direitos Humanos**. Barueri/SP: Manole, 2005.

LARENZ, Karl. **Derecho Civil**: Parte General. Tradução e notas de Miguel Izquierdo y Macías, Picavea). Madri: Editorial Revista de Derecho Civil, 1978.

LIBERATI, Wilson Donizeti; PÚBLIO, Caio Bessa Cyrino. **Conselhos e Fundos no Estatuto da Criança e do Adolescente**. 2. ed. São Paulo: Malheiros, 2003.

LUCA, Tânia Regina de. **Indústria e Trabalho na História do Brasil**. São Paulo: Contexto, 2001.

MACHADO JR., José Teixeira; REIS, Heraldo da Costa. **A Lei 4.320 Comentada**. 30. ed. Rio de Janeiro: IBAM, 2001.

MACHADO, Martha de Toledo. **A proteção Constitucional de Crianças e Adolescentes e os Direitos Humanos**. Barueri/SP: Manole, 2003.

MAGANO, Octávio Bueno. **Direito Tutelar do Trabalho**. 2. ed. São Paulo: LTr, 1992, v. 4.

MARANHÃO, Délio. **Direito do Trabalho**. 7. ed. Rio de Janeiro: Fundação Getulio Vargas, 1979.

MARQUES, Rosa Maria; REGO, José Márcio (org.). **Economia Brasileira**. 2. ed. São Paulo: Saraiva, 2005.

MARTINS, Adalberto. **A Proteção Constitucional ao Trabalho de Crianças e Adolescentes**. São Paulo: LTr, 2005.

MARTINS, Sergio Pinto. **Direito do Trabalho**. 23. ed. São Paulo: Atlas, 2007.

MAZZILLI, Hugo Nigro. **A Defesa dos Interesses Difusos em Juízo**. 15. ed. São Paulo: Saraiva, 2002.

MAZZUOLI, Valério de Oliveira. **Direito dos Tratados**. 2. ed. Rio de Janeiro: Forense, 2014.

MEIRELLES, Hely Lopes. **Direito Administrativo Brasileiro**. 13. ed. São Paulo: Revista dos Tribunais, 1987.

MEIRELLES, Hely Lopes. **Mandado de segurança, ação popular, ação civil pública, mandado de injunção, habeas data**. 15. ed. São Paulo: Malheiros, 1990.

MELLO, Celso Antonio Bandeira de. **Curso de Direito Administrativo**. 14. ed. São Paulo: Malheiros, 2002.

MILLER, Jeffrey A. **O Livro de Referência para a Depressão Infantil**. Tradução de Marcel Murakami Ilha. São Paulo: M. Books do Brasil, 2003.

MINHARRO, Erotilde Ribeiro dos Santos. **A Criança e o Adolescente no Direito do Trabalho**. São Paulo: LTr, 2003.

MIRANDA, Custodio da Piedade Ubaldino. **Teoria Geral do Negócio Jurídico**. 2. ed. São Paulo: Atlas, 2009.

MIRANDA, Pontes de. **Tratado de Direito Privado**. 3. ed. São Paulo: Revista dos Tribunais, 1984, tomo XLVII.

MONACO, Gustavo Ferraz de Campos. **A Declaração Universal dos Direitos da Criança e seus Sucedâneos Internacionais**. Coimbra: Coimbra Editora, 2004.

MORAES, Evaristo de. **Apontamentos de Direito Operário**. 4. ed. São Paulo: LTr, 1998.

NASCIMENTO, Amauri Mascaro. **Curso de Direito do Trabalho**. 9. ed. São Paulo: Saraiva 1991.

NASCIMENTO, Amauri Mascaro. **Iniciação ao Direito do Trabalho**. 33. ed. São Paulo: LTr, 2007.

NASCIMENTO, Aurélio Eduardo do; BARBOSA, José Paulo. **Trabalho, História e Tendências**. São Paulo: Ática, 1996.

NASCIMENTO, Grasiele Augusta Ferreira. **A Educação e o Trabalho do Adolescente**. Curitiba: Juruá, 2004.

NASCIMENTO, Nilson de Oliveira. **Manual do Trabalho do Menor**. São Paulo: LTr, 2003.

NAZIR, David Milano Filho; MILANO, Rodolfo Cesar. **Obrigações e Responsabilidade Civil do Poder Público perante a Criança e o Adolescente**. São Paulo: Universitária de Direito, 2002.

NERY JUNIOR, Nelson. **Princípios do Processo Civil na Constituição Federal**. 7. ed. São Paulo: Revista dos Tribunais, 2002.

NERY JUNIOR, Nelson; NERY, Rosa Maria de Andrade. **Código Civil Comentado e Legislação Extravagante**. 3. ed. São Paulo: Revista dos Tribunais, 2005.

OLIVA, José Roberto Dantas. **O Princípio da Proteção Integral e o Trabalho da Criança e do Adolescente no Brasil**. São Paulo: LTr, 2006.

OLIVEIRA, Oris de. **O Trabalho da Criança e do Adolescente**. São Paulo: LTr, 1994.

ORGANISTA, José Henrique Carvalho. **O Debate Sobre a Centralidade do Trabalho**. São Paulo: Expressão Popular, 2006.

PAULA, Paulo Afonso Garrido de. **Direito da Criança e do Adolescente e Tutela Jurisdicional Diferenciada**. São Paulo: Revista dos Tribunais, 2002.

PEREIRA, Tânia da Silva (org.). **Direito da Criança e do Adolescente**: uma proposta interdisciplinar. Rio de Janeiro: Renovar, 1996.

PEREIRA, Tânia da Silva (coord.). **O Melhor Interesse da Criança**: um debate interdisciplinar. Rio de Janeiro: Renovar, 2000.

PIETRO, Maria Sylvia Zanella Di. **Direito Administrativo**. 9. ed. São Paulo: Atlas, 1998.

PINTO, Carlos Alberto da Mota. **Teoria Geral do Direito Civil**. 3. ed. Coimbra: Coimbra Editora, 1985.

PIOVESAN, Flávia. **Temas de Direitos Humanos**. 2. ed. São Paulo: Max Limonad, 2003.

PIOVESAN, Flávia. **Direitos Humanos e o Direito Constitucional Internacional**. 8. ed. São Paulo: Saraiva, 2007.

PONTES JR. Felício. **Conselho de Direitos da Criança e do Adolescente**. São Paulo: Malheiros, 1993.

PRIORI, Mary Del (org.). **História das Crianças no Brasil**. 5. ed. São Paulo: Contexto, 2006.

REALE, Miguel. **Filosofia do Direito**. 9. ed. São Paulo: Saraiva, 1982.

RODRIGUEZ, Américo Plá. **Princípios de Direito do Trabalho**. Tradução de Wagner D. Giglio. São Paulo: LTr, 1978.

RUSSOMANO, Mozart Victor; JUNIOR, Victor Russomano; ALVES, Geraldo Magela. **CLT Anotada**. 4. ed. Rio de Janeiro: Forense, 2002.

SANDRONI, Paulo. **Dicionário de Economia do Século XXI**. Rio de Janeiro: Record, 2005.

SANTOS, Santa Marli Pires dos (org.). **Brinquedoteca**: a criança, o adulto e o lúdico. Petrópolis: Vozes, 2000.

SCHWARTZMAN, Simon. **Trabalho Infantil no Brasil**. Brasília: Organização Internacional do Trabalho, 2001.

SEN, Amartya. **Desenvolvimento como Liberdade**. Tradução de Laura Teixeira Motta. São Paulo: Companhia das Letras, 2000.

SENTO-SÉ, Jairo Lins de Albuquerque. **Trabalho Escravo no Brasil**. São Paulo: LTr, 2000.

SHIMURA, Sérgio. **Tutela Coletiva e sua efetividade**. São Paulo: Método, 2006.

SILVA, De Plácido e. **Vocabulário Jurídico**. 17. ed. Rio de Janeiro: Forense, 2000.

SILVA, José Afonso da. **Curso de Direito Constitucional Positivo**. 5. ed. São Paulo: Revista dos Tribunais, 1989.

SILVA, Maurício Roberto da. **Trama Doce-Amarga**: exploração do trabalho infantil e cultura lúdica. São Paulo: Hucitec, 2003.

SIMONETTI, Cecília; BLECHER, Margaret; MENDEZ, Emilio García (org.). **III Seminário Latino-Americano Do Avesso ao Direito**. São Paulo: Malheiros, 1994.

SMANIO, Gianpaolo Poggio. **Interesses Difusos e Coletivos**. 7. ed. São Paulo: Atlas, 2006.

SOUZA, Rabindranath Valentino Aleixo Capelo de. **O Direito Geral de Personalidade**. Coimbra: Coimbra Editora, 1995.

SOUZA, Sergio Augusto Guedes Pereira de. **Os Direitos da Criança e os Direitos Humanos**. Porto Alegre: Sergio Antonio Fabris Editor, 2001.

STEPHAN, Cláudia Coutinho. **Trabalhador Adolescente**: em face das alterações da Emenda Constitucional n.º 20/98. São Paulo: LTr, 2002.

TELLES JUNIOR, Goffredo. **Iniciação na Ciência do Direito**. São Paulo: Saraiva, 2001.

VERONESE, Josiane Rose Petry. **Os Direitos da Criança e do Adolescente**. São Paulo: LTr, 1999.

VIANNA, Cláudia Salles Vilela. **Manual Prático das Relações Trabalhistas**. 7. ed. São Paulo: LTr, 2005.

VIGLIAR, José Marcelo Menezes. **Ação Civil Pública**. 5. ed. São Paulo: Atlas, 2001.

Artigos publicados:

BARATTA, Alessandro. Os direitos da criança e o futuro da democracia: perspectivas do direito no início do século XXI. **Boletim da Faculdade de Direito da Universidade de Coimbra**, Coimbra, p. 61–91, 1999.

BICUDO, Helio. Trabalho infantil em julgamento. **Folha de São Paulo**, São Paulo, 18 mar. 1999.

CUT — Central Única dos Trabalhadores. **A CUT contra o Trabalho Infantil no Brasil**. São Paulo, ago. 1997.

FONSECA, Ricardo Tadeu. Idade mínima para o trabalho: proteção ou desamparo. **Síntese Trabalhista**, Porto Alegre, n. 118, p. 41-49, abr. 1999.

MAGANO, Octávio Bueno. Trabalho de crianças e adolescentes. **Consulex**, Brasília, n. 760, p. 16, mai. 1999.

MARCHESAN, Ana Maria Moreira. O princípio da prioridade absoluta aos direitos da criança e do adolescente e a discricionariedade administrativa. **Revista dos Tribunais**, São Paulo, v. 749, p. 82-103, mar. 1998.

MEDEIROS, Fábio Andrade. Monismo e dualismo no direito internacional e a jurisprudência do Supremo Tribunal sobre a incorporação dos tratados de direitos humanos ao ordenamento jurídico nacional. **Publica Direito**, v. 24, n. 1, 2014.

MENDELIEVICH, Elías. El trabajo de los niños. **Revista Internacional del Trabajo**, Genebra, n. 4, p. 465-477, 1979.

NETO, José Affonso Dallegrave. Nulidade do contrato de trabalho em face da Emenda Constitucional n.º 20/98. **Revista do Direito do Trabalho**, Curitiba, n. 95, p. 671-687, nov. 2000.

RIBEIRO, Lauro Luiz Gomes. Conselho Tutelar — Legitimidade para a Lei da Ação Civil Pública. **Revista dos Tribunais**, São Paulo, v. 104, p. 219-231, 2001.

RODAS, João Galdino. *Jus Cogens* em Direito Internacional. **Revista da Faculdade de Direito da Universidade de São Paulo**, São Paulo, n. 2, p. 125-135, 1974.

ROMEIRO, Maria do Carmo. Uma experiência de planejamento metodológico para coleta de dados do setor informal na região do ABC Paulista. *In*: PAMPLONA, João Batista (org.). **O Setor Informal. Cadernos PUC Economia**, São Paulo, n. 11, p. 79-103, 2001.

SAAD, Eduardo Gabriel. Trabalho do Menor e a Emenda Constitucional n.º 20/98. **Suplemento Trabalhista**, São Paulo, n. 38, p. 187-194, 1999.

SHIMURA, Sérgio. O Regime Recursal no Estatuto da Criança e do Adolescente. **Revista Dignidade**, São Paulo, n. 1, p. 253-266, 2002.

ANEXOS

CONSELHO NACIONAL DOS DIREITOS DA CRIANÇA E DO ADOLESCENTE CONANDA

RESOLUÇÃO N.º 43, DE 29 DE OUTUBRO DE 1996.

O Conselho Nacional dos Direitos da Criança e do Adolescente — CONANDA, no uso das atribuições que lhe conferem a Lei Federal n.º 8.242 de 12 de outubro de 1991 e o seu Regimento Interno e considerando:

- as Diretrizes Nacionais para a Política de Atenção Integral à Infância e Adolescência nas áreas de Saúde, Educação, Assistência Social, Trabalho e de Direitos aprovadas na Assembleia Ordinária de outubro de 1995, do CONANDA;

- que o enfrentamento do tema do trabalho infantil e dos demais ligados aos direitos da criança e do adolescente deve ocorrer de forma articulada no âmbito do Governo Federal, mediante ações integradas dos Ministérios;

- que a erradicação do trabalho infantil e a proteção ao trabalho do adolescente foram eleitos como um dos eixos temáticos prioritários de ação do CONANDA;

- que a Portaria n.º 199, do Ministério da Indústria do Comércio e do Turismo, assinada no dia 6 de setembro de 1996, é de fundamental importância para viabilizar a assistência social aos filhos dos trabalhadores da agroindústria canavieira, rumo à erradicação do trabalho infantil nesse setor;

- que o Termo de Acordo assinado no dia 6 de setembro de 1996 pelos Ministérios do Trabalho, da Previdência e Assistência Social, da Indústria, do Comércio e do Turismo, da Educação e do Desporto e da Justiça preconiza a criação do Grupo de Acompanhamento Permanente, responsável pela execução do referido termo, resolve:

Art. 1º Fica recomposto o grupo de trabalho para analisar a compatibilização das ações dos Ministérios, com o objetivo de identificar os serviços, programas e projetos relacionados especialmente aos três eixos temáticos prioritários do CONANDA — trabalho infantojuvenil, violência e exploração sexual e adolescente autor de infração.

§ 1º O grupo, integrado por seis conselheiros, sendo três dos Ministérios com assento no CONANDA e três da sociedade civil, escolherá o(a) coordenador(a) na sua primeira reunião.

§ 2º O grupo terá um prazo de dois meses para apresentar o documento de análise da compatibilização das ações.

Art. 2º O CONANDA acompanhará e fiscalizará as ações do Grupo de Atendimento Permanente, responsável pela execução do Termo de Acordo assinado pelos Ministérios no dia 6 de setembro de 1996.

Art. 3º Recomenda-se aos Conselhos Estaduais dos Direitos da Criança e do Adolescente:

I – o acompanhamento e fiscalização das ações decorrentes da Portaria n.º 199, assinada pelo Ministério da Indústria, do Comércio e do Turismo no dia 6 de setembro de 1996, estabelecendo normas para a prestação de assistência social aos filhos dos trabalhadores da agroindústria canavieira;

II – que nos Estados se envidem esforços no sentido de promover medidas integradas, voltadas para o combate ao trabalho infantil e para a proteção ao trabalho do adolescente, priorizando ações de garantia aos mínimos sociais da família, tendo como referência o Termo de Acordo assinado no dia 6 de setembro de 1996 pelos cinco Ministérios;

III – o acompanhamento e fiscalização da execução do "compromisso que celebram entre si a União, os Estados, as Confederações Nacionais Patronais, as Centrais Sindicais, a Confederação Nacional dos Trabalhadores na Agricultura, o Conselho do Programa Comunidade Solidária e organizações não governamentais, visando à implementação de esforços voltados à erradicação do trabalho infantil nas diversas áreas de atividades econômicas e à proteção ao adolescente no trabalho, inclusive sua profissionalização", assumido no dia 6 de setembro de 1996;

IV – que se articulem com as DRTs — Delegacias Regionais do Trabalho — baseados nos resultados da pesquisa do Ministério do Trabalho sobre a situação do trabalho infantil, com vistas a definir estratégias conjuntas para o enfrentamento nessa área.

Art. 4º Esta Resolução entra em vigor na data de sua publicação.

NELSON A. JOBIM
Presidente do CONANDA

RESOLUÇÃO CONANDA N.º 69 DE 15/05/2001

Dispõe sobre a idade mínima para admissão ao emprego e ao trabalho e dá outras providências.

Conselho Nacional dos Direitos da Criança e do Adolescente (CONANDA), órgão nacional, paritário, deliberativo e controlador da política de promoção e defesa dos direitos da criança e do adolescente, no uso de suas atribuições legais e considerando que:

- O inciso XXXIII, do art. 7º da Constituição Federal determina os 16 anos como idade para admissão ao emprego e ao trabalho;

- O art. 60 do Estatuto da Criança e do Adolescente proíbe qualquer trabalho aos menores de 16 anos, salvo na condição de aprendiz a partir dos 14 anos;

- O art. 6º da Convenção 138 da Organização Internacional do Trabalho (OIT), excepciona de sua aplicação o trabalho em regime de profissionalização em escola de ensino geral, profissional ou técnico em outras instituições de formação profissional, podendo a formação realizar-se inteira ou fundamentalmente em uma empresa, conforme texto a seguir:

Art. 6º Esta Convenção não se aplicará a trabalho feito por crianças e adolescentes em escolas de educacional vocacional ou técnica ou em outras instituições de treinamento em geral ou a trabalho feito por pessoas de no mínimo quinze anos de idade em empresas em que esse trabalho for executado dentro de condições prescritas pela autoridade competente, após consulta com as organizações de empregadores e de trabalhadores concernentes, se as houver, e constituir parte integrante de:

a) curso de educação ou treinamento pelo qual é principal responsável uma escola ou instituição de treinamento;

b) programa de treinamento principalmente ou inteiramente numa empresa, que tenha sido aprovada pela autoridade competente, ou

c) programa de orientação vocacional para facilitar a escolha de uma profissão ou de especialidade para treinamento.

Os dispositivos da Lei n.º 10.097/00 sobre Aprendizagem do adolescente em regime de emprego se enquadram no que dispõe o art. 6º da Convenção 138 da OIT, conforme texto acima;

- Para efeito da ratificação, da Convenção 138 da OIT, é indiferente a idade mínima adotada no Brasil para início de aprendizagem, uma vez que não permite trabalho nessa modalidade antes dos 14 anos, resolve:

Art. 1º Que o Brasil no ato de depósito da ratificação da Convenção 138 da OIT junto ao Diretor da Repartição Internacional do Trabalho (RIT), deve apontar 16 anos como IDADE MÍNIMA BÁSICA de admissão ao emprego ou ao trabalho para qualquer ocupação.

Art. 2º Esta Resolução entra em vigor na data de sua publicação.

Cláudio Augusto Vieira da Silva
Presidente do Conselho

CONVENÇÃO N.º 138

SOBRE IDADE MÍNIMA PARA ADMISSÃO A EMPREGO*

A Conferência Geral da Organização Internacional do Trabalho, convocada em Genebra pelo Conselho de Administração da Secretaria Internacional do Trabalho e reunida em 6 de junho de 1973, em sua 58ª Reunião;

tendo decidido adotar diversas proposições relativas à idade mínima para admissão a emprego, matéria que constitui a quarta questão da ordem do dia da Reunião;

considerando os termos da Convenção sobre Idade Mínima (Indústria), 1919, Convenção sobre Idade Mínima (Trabalho Marítimo), 1920, Convenção sobre Idade Mínima (Agricultura), 1921, Convenção sobre Idade Mínima (Estivadores e Foguistas), 1921, Convenção sobre Idade Mínima (Emprego não Industrial), 1932, Convenção (revista) sobre Idade Mínima (Trabalho Marítimo), 1936, Convenção (revista) sobre Idade Mínima (Indústria), 1937, Convenção (revista) sobre Idade Mínima (Emprego não Industrial), 1937, Convenção sobre Idade Mínima (Pescadores), 1959, e Convenção sobre Idade Mínima (Trabalho Subterrâneo), 1965;

considerando ter chegado o momento de adotar instrumento geral sobre a matéria, que substitua gradualmente os atuais instrumentos, aplicáveis a limitados setores econômicos, com vista à total abolição do trabalho infantil;

tendo determinado que essas proposições se revestissem da forma de uma convenção internacional, adota, neste dia vinte e seis de junho de mil novecentos e setenta e três, a seguinte Convenção, que pode ser citada como a Convenção sobre Idade Mínima, 1973:

Artigo 1º

Todo Estado-membro, no qual vigore esta Convenção, compromete-se a seguir uma política nacional que assegure a efetiva abolição do trabalho infantil e eleve, progressivamente, a idade mínima de admissão a emprego ou a trabalho a um nível adequado ao pleno desenvolvimento físico e mental do jovem.

Artigo 2º

1. Todo Estado-membro que ratificar esta Convenção especificará, em declaração anexa à sua ratificação, uma idade mínima para admissão a emprego ou trabalho em seu território e em meios de transporte registrados em seu território; ressalvado o disposto nos artigos 4º a 8º desta Convenção, nenhuma pessoa com idade inferior a essa idade será admitida a emprego ou trabalho em qualquer ocupação.

2. Todo Estado-membro que ratificar esta Convenção poderá posteriormente notificar o diretor-geral da Secretaria Internacional do Trabalho, por declarações ulteriores, que estabelece uma idade mínima superior à anteriormente definida.

3. A idade mínima fixada nos termos do parágrafo 1º deste artigo não será inferior à idade de conclusão da escolaridade compulsória ou, em qualquer hipótese, não inferior a 15 anos.

4. Não obstante o disposto no parágrafo 3º deste artigo, o Estado-membro cuja economia e condições do ensino não estiverem suficientemente desenvolvidas poderá, após consulta com as organizações de empregadores e de trabalhadores interessadas, se as houver, definir, inicialmente, uma idade mínima de 14 anos.

5. Todo Estado-membro que definir uma idade mínima de quatorze anos, de conformidade com o disposto no parágrafo anterior, incluirá em seus relatórios a serem apresentados sobre a aplicação desta Convenção, nos termos do Artigo 22 da Constituição da Organização Internacional do Trabalho, declaração:

a) de que são subsistentes os motivos dessas medidas ou

b) de que renuncia ao direito de se valer da disposição em questão a partir de uma determinada data.

Artigo 3º

1. Não será inferior a dezoito anos a idade mínima para admissão a qualquer tipo de emprego ou trabalho que, por sua natureza ou circunstância em que é executado, possa prejudicar a saúde, a segurança e a moral do jovem.

2. Serão definidas por lei ou regulamentos nacionais ou pela autoridade competente, após consulta com as organizações de empregadores e de trabalhadores interessadas, se as houver, as categorias de emprego ou trabalho às quais se aplica o parágrafo 1º deste artigo.

3. Não obstante o disposto no parágrafo 1º deste artigo, a lei ou regulamentos nacionais ou a autoridade competente poderão, após consulta

às organizações de empregadores e de trabalhadores interessadas, se as houver, autorizar emprego ou trabalho a partir da idade de dezesseis anos, desde que estejam plenamente protegidas a saúde, a segurança e a moral dos jovens envolvidos e lhes seja proporcionada instrução ou formação adequada e específica no setor da atividade pertinente.

Artigo 4º

1. A autoridade competente, após consulta com as organizações de empregadores e de trabalhadores interessadas, se as houver, poderá, na medida do necessário, excluir da aplicação desta Convenção limitado número de categorias de emprego ou trabalho a respeito das quais se puserem reais e especiais problemas de aplicação.

2. Todo Estado-membro que ratificar esta Convenção listará em seu primeiro relatório sobre sua aplicação, a ser submetido nos termos do Artigo 22 da Constituição da Organização Internacional do Trabalho, todas as categorias que possam ter sido excluídas de conformidade com o parágrafo 1º deste artigo, dando as razões dessa exclusão, e indicará, nos relatórios subsequentes, a situação de sua lei e prática com referência às categorias excluídas, e a medida em que foi dado ou se pretende fazer vigorar a Convenção com relação a essas categorias.

3. Não será excluído do alcance da Convenção, de conformidade com este Artigo, emprego ou trabalho protegido pelo artigo 3º desta Convenção.

Artigo 5º

1. O Estado-membro cuja economia e condições administrativas não estiverem suficientemente desenvolvidas poderá, após consulta com as organizações de empregadores e de trabalhadores, se as houver, limitar inicialmente o alcance de aplicação desta Convenção.

2. Todo Estado-membro que se servir do disposto no parágrafo 1º deste artigo especificará, em declaração anexa à sua ratificação, os setores de atividade econômica ou tipos de empreendimentos aos quais aplicará as disposições da Convenção.

3. As disposições desta Convenção serão, no mínimo, aplicáveis a: mineração e pedreira; indústria manufatureira; construção; eletricidade, água e gás; serviços de saneamento; transporte, armazenamento e comunicações; plantações e outros empreendimentos agrícolas de fins comerciais, excluindo, porém, propriedades familiares e de pequeno porte que produzam para o consumo local e não empreguem regularmente mão de obra remunerada.

4. Todo Estado-membro que tiver limitado o alcance de aplicação desta Convenção, nos termos deste artigo,

a) indicará em seus relatórios, a que se refere o Artigo 22 da Constituição da Organização Internacional do Trabalho, a situação geral com relação a emprego ou trabalho de jovens e crianças nos setores de atividade excluídos do alcance de aplicação desta Convenção e todo progresso que tenha sido feito para uma aplicação mais ampla de suas disposições;

b) poderá, em qualquer tempo, estender formalmente o alcance de aplicação com uma declaração encaminhada ao diretor-geral da Secretaria Internacional do Trabalho.

Artigo 6º

Esta Convenção não se aplica a trabalho feito por crianças e jovens em escolas de educação profissional ou técnica ou em outras instituições de treinamento em geral ou a trabalho feito por pessoas de no mínimo 14 anos de idade em empresas em que esse trabalho é executado dentro das condições prescritas pela autoridade competente, após consulta com as organizações de empregadores e de trabalhadores interessadas, onde as houver, e é parte integrante de:

a) curso de educação ou treinamento pelo qual é principal responsável escola ou instituição de formação;

b) programa de treinamento principalmente ou inteiramente numa empresa, que tenha sido aprovado pela autoridade competente, ou

c) programa de orientação para facilitar a escolha de uma profissão ou de uma linha de formação.

Artigo 7º

1. As leis ou regulamentos nacionais podem permitir o emprego ou trabalho de jovens entre 13 e 15 anos em serviços leves que:

a) não prejudiquem sua saúde ou desenvolvimento e

b) não prejudiquem sua frequência escolar, sua participação em programas de orientação profissional ou de formação aprovados pela autoridade competente ou sua capacidade de se beneficiar da instrução recebida.

2. As leis ou regulamentos nacionais podem permitir também o emprego ou trabalho de pessoas de, no mínimo, 15 anos de idade e que não tenham ainda concluído a escolarização compulsória, em trabalho que preencha os requisitos estabelecidos nas alíneas a) e b) do parágrafo 1º deste artigo.

3. A autoridade competente definirá as atividades em que o emprego ou trabalho pode ser permitido nos termos dos parágrafos 1º e 2º deste artigo e estabelecerá o número de horas e as condições em que esse emprego ou trabalho pode ser exercido.

4. Não obstante o disposto nos parágrafos 1º e 2º deste artigo, o Estado-membro que se tiver servido das disposições do parágrafo 4º do artigo 2º poderá, enquanto continuar assim procedendo, substituir as idades de 13 e 15 anos no parágrafo 1º pelas idades de 12 e 14 anos e a idade de 15 anos do parágrafo 2º deste artigo pela idade de 14 anos.

Artigo 8º

1. A autoridade competente, após consulta com as organizações de empregadores e de trabalhadores interessadas, se as houver, pode, mediante licenças concedidas em casos individuais, permitir exceções à proibição de emprego ou trabalho disposta no artigo 2º desta Convenção, para fins tais como participação em representações artísticas.

2. Permissões dessa natureza limitarão o número de horas de duração do emprego ou trabalho e estabelecerão as condições em que é permitido.

Artigo 9º

1. A autoridade competente tomará todas as medidas necessárias, inclusive a instituição de sanções apropriadas, para garantir o efetivo cumprimento das disposições desta Convenção.

2. Leis ou regulamentos nacionais ou a autoridade competente designarão as pessoas responsáveis pelas disposições que dão cumprimento à Convenção.

3. Leis ou regulamentos nacionais ou a autoridade competente definirão os registros ou outros documentos que devem ser mantidos e postos à disposição pelo empregador; esses registros ou documentos conterão nome, idade ou data de nascimento, devidamente autenticados sempre que possível, das pessoas que emprega ou que trabalham para ele e tenham menos de dezoito anos de idade.

Artigo 10

1. Esta Convenção revê, nos termos estabelecidos neste artigo, a Convenção sobre Idade Mínima (Indústria), 1919; a Convenção sobre Idade Mínima (Marítimos), 1920; a Convenção sobre Idade Mínima (Agricultura), 1921; a Convenção sobre Idade Mínima (Estivadores e Foguistas), 1921; a Convenção sobre Idade Mínima (Emprego não Industrial), 1932; a

Convenção (revista) sobre Idade Mínima (Marítimos), 1936; a Convenção (revista) sobre Idade Mínima (Indústria), 1937; a Convenção (revista) sobre Idade Mínima (Emprego não Industrial), 1937; a Convenção sobre Idade Mínima (Pescadores), 1959 e a Convenção sobre Idade Mínima (Trabalho Subterrâneo), 1965.

2. A entrada em vigor desta Convenção não privará de ratificações ulteriores as seguintes convenções: Convenção (revista) sobre Idade Mínima (Marítimos), 1936; Convenção (revista) sobre Idade Mínima (Indústria), 1937; Convenção (revista) sobre Idade Mínima (Emprego não Industrial), 1937; Convenção sobre Idade Mínima (Pescadores), 1959, e Convenção sobre Idade Mínima (Trabalho Subterrâneo), 1965.

3. A Convenção sobre Idade Mínima (Indústria), 1919; a Convenção (revista) sobre Idade Mínima (Marítimos), 1920; a Convenção sobre Idade Mínima (Agricultura), 1921, e a Convenção sobre Idade Mínima (Estivadores e Foguistas), 1921, não estarão mais sujeitas a ratificações ulteriores quando todos os seus participantes estiverem assim de acordo com a ratificação desta Convenção ou por declaração enviada ao diretor-geral da Secretaria Internacional do Trabalho.

4. A aceitação das obrigações desta Convenção

a) por Estado-membro que faça parte da Convenção (revista) sobre Idade Mínima (Indústria), 1937, e o estabelecimento de idade mínima de não menos de 15 anos, nos termos do artigo 2º desta Convenção, implicarão *ipso jure* a denúncia imediata daquela Convenção;

b) com referência a emprego não industrial, conforme definido na Convenção sobre Idade Mínima (Emprego não Industrial), 1932, por Estado-membro que faça parte dessa Convenção, implicará *ipso jure* a denúncia imediata da dita Convenção;

c) com referência a emprego não industrial, conforme definido na Convenção (revista) sobre Idade Mínima (Emprego não Industrial), 1937, por Estado-membro que faça parte dessa Convenção, e o estabelecimento de idade mínima de não menos de 15 anos, nos termos do artigo 2º desta Convenção, implicarão *ipso jure* a denúncia imediata daquela Convenção;

d) com referência a emprego marítimo, por Estado-membro que faça parte da Convenção (revista) sobre Idade Mínima (Marítimos), 1936, e a fixação de idade mínima de não menos de 15 anos, nos termos do artigo 2º desta Convenção, ou o Estado-membro define que o artigo 3º desta

Convenção aplica-se a emprego marítimo, implicarão *ipso jure* a denúncia imediata daquela Convenção;

e) com referência a emprego em pesca marítima, por Estado-membro que faça parte da Convenção sobre Idade Mínima (Pescadores), 1959, e a especificação de idade mínima de não menos de 15anos, nos termos do artigo 2º desta Convenção ou o Estado-membro especifica que o artigo 3º desta Convenção aplica-se a emprego em pesca marítima, implicarão *ipso jure* a denúncia imediata daquela Convenção;

f) por Estado-membro que faça parte da Convenção sobre Idade Mínima (Trabalho Subterrâneo), 1965, e a definição de idade mínima de não menos de 15 anos, nos termos do artigo 2º desta Convenção, ou o Estado-membro estabelece que essa idade aplica-se a emprego em minas subterrâneas, por força do artigo 3º desta Convenção, implicarão *ipso jure* a denúncia imediata daquela Convenção, se e quando esta Convenção entrar em vigor.

5. A aceitação das obrigações desta Convenção

a) implicará a denúncia da Convenção sobre Idade Mínima (Indústria), 1919, de conformidade com seu artigo 12;

b) com referência à agricultura, implicará a denúncia da Convenção sobre Idade Mínima (Agricultura), 1921, de conformidade com seu artigo 9º;

c) com referência a emprego marítimo, implicará a denúncia da Convenção sobre Idade Mínima (Marítimos), 1920, de conformidade com seu artigo 10º, e da Convenção sobre Idade Mínima (Estivadores e Foguistas), 1921, de conformidade com seu artigo 12, se e quando esta Convenção entrar em vigor.

Artigo 11

As ratificações formais desta Convenção serão comunicadas, para registro, ao diretor-geral da Secretaria Internacional do Trabalho.

Artigo 12

1. Esta Convenção obrigará unicamente os Estados-membros da Organização Internacional do Trabalho cujas ratificações tiverem sido registradas pelo diretor-geral.

2. Esta Convenção entrará em vigor doze meses após a data de registro, pelo diretor-geral, das ratificações de dois Estados-membros.

3. A partir daí, esta Convenção entrará em vigor, para todo Estado--membro, doze meses depois do registro de sua ratificação.

Artigo 13

1. O Estado-membro que ratificar esta Convenção poderá denunciá-la ao final de um período de dez anos, a contar da data de sua entrada em vigor, mediante comunicação ao diretor-geral da Secretaria Internacional do Trabalho, para registro. A denúncia não terá efeito antes de se completar um ano a contar da data de seu registro.

2. Todo Estado-membro que ratificar esta Convenção e que, no prazo de um ano após expirado o período de dez anos referido no parágrafo anterior, não tiver exercido o direito de denúncia disposto neste artigo, ficará obrigado a um novo período de dez anos e, daí por diante, poderá denunciar esta Convenção ao final de cada período de dez anos, nos termos deste artigo.

Artigo 14

1. O diretor-geral da Secretaria Internacional do Trabalho dará ciência a todos os Estados-membros da Organização do registro de todas as ratificações e denúncias que lhe forem comunicadas pelos Estados-membros da Organização.

2. Ao notificar os Estado-membros da Organização sobre o registro da segunda ratificação que lhe tiver sido comunicada, o diretor-geral lhes chamará a atenção para a data em que a Convenção entrará em vigor.

Artigo 15

O diretor-geral da Secretaria Internacional do Trabalho comunicará ao secretário-geral das Nações Unidas, para registro, nos termos do Artigo 102 da Carta das Nações Unidas, informações circunstanciadas sobre todas as ratificações e atos de denúncia por ele registrados, conforme o disposto nos artigos anteriores.

Artigo 16

O Conselho de Administração da Secretaria Internacional do Trabalho apresentará à Conferência Geral, quando considerar necessário, relatório sobre o desempenho desta Convenção e examinará a conveniência de incluir na pauta da Conferência a questão de sua revisão total ou parcial.

Artigo 17

1. No caso de adotar a Conferência uma nova convenção que reveja total ou parcialmente esta Convenção, a menos que a nova convenção disponha de outro modo,

a) a ratificação, por um Estado-membro, da nova convenção revista implicará, *ipso jure*, a partir do momento em que entrar em vigor a convenção revista, a denúncia imediata desta Convenção, não obstante as disposições do Artigo 3º;

b) esta Convenção deixará de estar sujeita a ratificação pelos Estados-membros a partir da data de entrada em vigor da convenção revista;

c) esta Convenção continuará a vigorar, na sua forma e conteúdo, nos Estados-membros que a ratificaram, mas não ratificarem a convenção revista.

Artigo 18

As versões em inglês e francês do texto desta Convenção são igualmente oficiais.

CONVENÇÃO N.º 182

CONVENÇÃO SOBRE PROIBIÇÃO DAS PIORES FORMAS DE TRABALHO INFANTIL E AÇÃO IMEDIATA PARA SUA ELIMINAÇÃO

Aprovada em 17/6/1999.

No Brasil, promulgada pelo Decreto 3.597 de 12/9/2000.

A Conferência Geral da Organização Internacional do Trabalho, convocada em Genebra pelo Conselho de Administração da Secretaria Internacional do Trabalho e reunida em 1º de junho de 1999, em sua 87ª Reunião,

considerando a necessidade de adotar novos instrumentos para proibição e eliminação das piores formas de trabalho infantil, como a principal prioridade de ação nacional e internacional, que inclui cooperação e assistência internacionais, para complementar a Convenção e a Recomendação sobre Idade Mínima para Admissão a Emprego, 1973, que continuam sendo instrumentos fundamentais sobre trabalho infantil;

considerando que a efetiva eliminação das piores formas de trabalho infantil requer ação imediata e global, que leve em conta a importância da educação fundamental e gratuita e a necessidade de retirar a criança de todos esses trabalhos, promover sua reabilitação e integração social e, ao mesmo tempo, atender as necessidades de suas famílias;

tendo em vista a resolução sobre a eliminação do trabalho infantil adotada pela Conferência Internacional do Trabalho, em sua 83ª Reunião, em 1996;

reconhecendo que o trabalho infantil é devido, em grande parte, à pobreza e que a solução a longo prazo reside no crescimento econômico sustentado, que conduz ao progresso social, sobretudo ao alívio da pobreza e à educação universal;

tendo em vista a Convenção sobre os Direitos da Criança, adotada pela Assembleia das Nações Unidas, em 20 de novembro de 1989;

tendo em vista a Declaração da OIT sobre Princípios e Direitos Fundamentais no Trabalho e seu Seguimento, adotada pela Conferência Internacional do Trabalho em sua 86ª Reunião, em 1998;

tendo em vista que algumas das piores formas de trabalho infantil são objeto de outros instrumentos internacionais, particularmente a Convenção sobre Trabalho Forçado, 1930, e a Convenção Suplementar das Nações Unidas sobre Abolição da Escravidão, do Tráfico de Escravos e de Instituições e Práticas Similares à Escravidão, 1956;

tendo-se decidido pela adoção de diversas proposições relativas a trabalho infantil, matéria que constitui a quarta questão da ordem do dia da Reunião, e após determinar que essas proposições se revestissem da forma de convenção internacional, adota, neste décimo sétimo dia de junho do ano de mil novecentos e noventa e nove, a seguinte Convenção, que poderá ser citada como Convenção sobre as Piores Formas de Trabalho Infantil, 1999.

Artigo 1º

Todo Estado-membro que ratificar a presente Convenção deverá adotar medidas imediatas e eficazes que garantam a proibição e a eliminação das piores formas de trabalho infantil em regime de urgência.

Artigo 2º

Para os efeitos desta Convenção, o termo criança aplicar-se-á a toda pessoa menor de 18 anos.

Artigo 3º

Para os fins desta Convenção, a expressão as piores formas de trabalho infantil compreende:

(a) todas as formas de escravidão ou práticas análogas à escravidão, como venda e tráfico de crianças, sujeição por dívida, servidão, trabalho forçado ou compulsório, inclusive recrutamento forçado ou compulsório de crianças para serem utilizadas em conflitos armados;

(b) utilização, demanda e oferta de criança para fins de prostituição, produção de material pornográfico ou espetáculos pornográficos;

(c) utilização, demanda e oferta de criança para atividades ilícitas, particularmente para a produção e tráfico de drogas conforme definidos nos tratados internacionais pertinentes;

(d) trabalhos que, por sua natureza ou pelas circunstâncias em que são executados, são susceptíveis de prejudicar a saúde, a segurança e a moral da criança.

Artigo 4º

1 – Os tipos de trabalho a que se refere o Artigo 3º (d) serão definidos pela legislação nacional ou pela autoridade competente, após consulta com as organizações de empregadores e de trabalhadores interessadas, levando em consideração as normas internacionais pertinentes, particularmente os parágrafos 3º e 4º da Recomendação sobre as Piores Formas de Trabalho Infantil, 1999.

2 – A autoridade competente, após consulta com as organizações de empregadores e trabalhadores interessadas, identificará onde ocorrem os tipos de trabalho assim definidos.

3 – A relação dos tipos de trabalho definidos nos termos do parágrafo 1º deste artigo deverá ser periodicamente examinada e, se necessário, revista em consulta com as organizações de empregadores e de trabalhadores interessadas.

Artigo 5º

Todo Estado-membro, após consulta com organizações de empregadores e de trabalhadores, criará ou adotará mecanismos apropriados para monitorar a aplicação das disposições que dão cumprimento à presente Convenção.

Artigo 6º

1 – Todo Estado-membro elaborará e desenvolverá programas de ação para eliminar, como prioridade, as piores formas de trabalho infantil.

2 – Esses programas de ação serão elaborados e implementados em consulta com relevantes instituições governamentais e organizações de empregadores e de trabalhadores, levando em consideração, se conveniente, opiniões de outros grupos interessados.

Artigo 7º

1 – Todo Estado-membro adotará todas as medidas necessárias para assegurar a efetiva aplicação e cumprimento das disposições que dão efeito a esta Convenção, inclusive a instituição e aplicação de sanções penais ou, conforme o caso, de outras sanções.

2 – Todo Estado-membro, tendo em vista a importância da educação para a eliminação do trabalho infantil, adotará medidas efetivas, para, num determinado prazo:

(a) impedir a ocupação de crianças nas piores formas de trabalho infantil;

(b) dispensar a necessária e apropriada assistência direta para retirar crianças das piores formas de trabalho infantil e assegurar sua reabilitação e integração social;

(c) garantir o acesso de toda criança retirada das piores formas de trabalho infantil à educação fundamental gratuita e, quando possível e conveniente, à formação profissional;

(d) identificar e alcançar crianças particularmente expostas a riscos e

(e) levar em consideração a situação especial de meninas.

3 – Todo Estado-membro designará a autoridade competente responsável pela aplicação das disposições que dão cumprimento a esta Convenção.

Artigo 8º

Os Estados-membros tomarão as devidas providências para se ajudarem mutuamente na aplicação das disposições desta Convenção por meio de maior cooperação e/ou assistência internacional, inclusive o apoio ao desenvolvimento social e econômico, a programas de erradicação da pobreza e à educação universal.

Artigo 9º

As ratificações formais desta Convenção serão comunicadas, para registro, ao diretor- geral da Secretaria Internacional do Trabalho.

Artigo 10

1 – Esta Convenção obrigará unicamente os Estados-membros da Organização Internacional do Trabalho cujas ratificações tiverem sido registradas pelo diretor-geral da Secretaria Internacional do Trabalho.

2 – A presente Convenção entrará em vigor doze meses após a data de registro, pelo diretor-geral, das ratificações de dois Estados-membros.

3 – A partir daí, esta Convenção entrará em vigor, para todo Estado--membro, doze meses após a data do registro de sua ratificação.

Artigo 11

1 – O Estado-membro que ratificar esta Convenção poderá denunciá--la ao final de um período de dez anos a contar da data em que a Convenção entrou em vigor pela primeira vez, por meio de comunicação, para registro, ao diretor-geral da Secretaria Internacional do Trabalho. A denúncia só terá efeito um ano após a data de seu registro.

2 – Todo Estado-membro que tiver ratificado esta Convenção e que, no prazo de um ano, após expirado o período de dez anos referido no

parágrafo anterior, não tiver exercido o direito de denúncia disposto neste artigo, ficará obrigado a um novo período de dez anos e, daí por diante, poderá denunciar esta Convenção ao final de cada período de dez anos, nos termos deste artigo.

Artigo 12

1 – O diretor-geral da Secretaria Internacional do Trabalho dará ciência, aos Estados-membros da Organização Internacional do Trabalho, do registro de todas as ratificações, declarações e atos de denúncia que lhe forem comunicados pelos Estados-membros da Organização.

2 – Ao notificar os Estados-membros da Organização sobre o registro da segunda ratificação que lhe foi comunicada, o diretor-geral lhes chamará a atenção para a data em que a Convenção entrará em vigor.

Artigo 13

O diretor-geral da Secretaria Internacional do Trabalho comunicará ao secretário-geral das Nações Unidas, para registro, nos termos do Artigo 102 da Carta das Nações Unidas, informações circunstanciadas sobre todas as ratificações, declarações e atos de denúncia por ele registrados, conforme o disposto nos artigos anteriores.

Artigo 14

O Conselho de Administração da Secretaria Internacional do Trabalho, quando julgar necessário, apresentará à Conferência Geral relatório sobre a aplicação desta Convenção e examinará a conveniência de incluir na ordem do dia da Conferência a questão de sua revisão total ou parcial.

Artigo 15

1 – Caso a Conferência venha a adotar uma nova Convenção que total ou parcialmente reveja a presente Convenção, a menos que a nova Convenção disponha de outro modo:

(a) a ratificação da nova Convenção revista por um Estado-membro implicará *ipso jure* a denúncia imediata desta Convenção, não obstante as disposições do artigo 11 acima, se e quando a nova Convenção revista entrar em vigor;

(b) esta Convenção deixará de estar sujeita a ratificação pelos Estados--membros a partir do momento da entrada em vigor da Convenção revista.

2 – Esta Convenção permanecerá, porém, em vigor, na sua forma atual e conteúdo, para os Estados-membros que a ratificaram, mas não ratificarem a Convenção revista.

Artigo 16

As versões em inglês e francês do texto desta Convenção são igualmente oficiais.